Musée de la Mode et du Costume

europe

1910-1939

quand
l'art
habillait
le
vêtement

PARIS musées

europe

1910-1939

quand
l'art
habillait
le
vêtement

Sommaire

5

Préface

Catherine Join-Diéterle

Longtemps l'Angleterre et la France ont régné sans partage sur la mode européenne et du Nouveau Monde : il n'y a de mode et d'élégance qu'anglaises et françaises.

Bientôt la naissance de la haute couture puis son extraordinaire développement accroissent le rôle de la capitale. Paris exerce une attraction irrésistible sur les créateurs qui, dès le XIXe siècle, s'y installent, contribuant à son rayonnement. À la fin du siècle dernier, la maison Worth, bientôt concurrencée à partir de 1900 par celle de Paquin, habille toutes les têtes couronnées. La multiplication des griffes au tournant du siècle, leur notoriété en France et à l'étranger font de la toilette de haute couture la référence obligée des simples couturières. Pourtant dès la fin du XIXe siècle, elle est contestée en Angleterre, puis dans de nombreux pays d'Europe : Belgique, Allemagne, etc.

A la différence des médecins et des hygiénistes qui critiquent les excès de la mode, en particulier les tailles trop serrées, les pantalons d'homme trop étroits, des artistes, les Préraphaélites, proposent des tenues « artistiques » qui combinent confort et caractère pratique mais qui surtout nient les changements de mode. Cependant, ce n'est pas vers l'avenir que se tournent les artistes mais vers le passé ; l'Antiquité et le Moyen Âge fournissent l'inspiration de ces tenues dont le développement reste néanmoins limité à des cercles d'artistes ou d'excentriques. Il faut attendre 1910 environ, pour que la réflexion sur le costume évolue et soit reprise par des artistes épris de modernité. C'est ainsi que les futuristes, les suprématistes, les constructivistes et les membres du Bauhaus conçoivent de nouvelles tenues. Leur approche est révolutionnaire, l'homme qui les porte devant être différent. Ce mouvement d'avant-garde, vécu parfois comme une émancipation, est aussi le moyen pour de nombreux pays européens d'exalter leur nationalisme. Or pour des motifs à la fois politiques et historiques – Paris restant bien le centre de la mode – beaucoup d'artistes russes et italiens doivent s'installer dans notre capitale.

La France, quant à elle, reste à l'écart de cette mobilisation. Sans doute la suprématie de la haute couture y est-elle pour beaucoup. Mais le ton d'élégance qu'elle sait insuffler, sa capacité à se renouveler dans les années 20 et 30, qui explique d'ailleurs la notoriété de couturiers comme Vionnet et Chanel, l'aptitude des Françaises à accessoiriser sinon modifier les tenues de haute couture, enfin et paradoxalement la légèreté avec laquelle on considère en France la mode, tous ces motifs donc, contribuent à maintenir la France loin de ces préoccupations souvent idéologiques. D'ailleurs peu d'artistes actifs en France se seraient « abaissés »

6

à s'occuper du vêtement. Seule Sonia Delaunay, mais n'oublions pas qu'elle est russe, est l'instigatrice d'un mouvement radical et spectaculaire mais somme toute à l'audience limitée.

Les visiteurs découvriront sans doute avec beaucoup d'étonnement que bien des artistes russes, italiens, tchèques, allemands, néerlandais..., dont le nom leur est connu pour leurs réalisations dans les arts majeurs, n'ont pas dédaigné travailler sur le costume. « Ce mélange des genres » reste inconnu en France jusqu'au jour où ce sont les couturiers qui ont puisé leur inspiration dans la peinture... C'est à l'histoire de cette avant-garde et de ses résultantes en France, que sont consacrés cette exposition et ce catalogue. Remarquablement conçue et réalisée par Valérie Guillaume, conservateur chargé du XXᵉ siècle au musée, cette manifestation retiendra par son caractère utopique mais aussi artistique. Ceci explique que peu de créations aient été réalisées et moins encore conservées. Aussi l'aide de Viviana Benhamou a-t-elle été très précieuse pour ce qui concerne l'Italie ; ainsi un certain nombre d'œuvres, indispensables à la bonne compréhension du sujet, ont pu être retrouvées. On ne peut que féliciter Valérie Guillaume de sa ténacité à exhumer ces documents, faire revivre l'histoire de ce mouvement méconnue des historiens français. Pour la première fois sont réunies des œuvres, souvent inédites, dont la confrontation n'en sera que plus passionnante et prouvera la force de l'esprit du temps.

Avec cette vaste fresque historique, le musée illustre une fois de plus sa volonté de s'ouvrir aux autres cultures européennes au moment où le Comité costume de l'Icom se tient à Paris et où sont organisées des expositions consacrées aux années 30. Que soient vivement remerciés tous ceux qui, particuliers ou institutions, en France ou à l'étranger en ont permis la réalisation.

Esthétiques du vêtement nouveau
Genèse de l'exposition

Valérie Guillaume

« Subversion, expérience des limites, ces expressions
si rebattues par lesquelles l'avant-garde se désignait elle-même
comme le mouvement par lequel la modernité progresse
sans s'arrêter, ne disent, en plus de leur suffisance,
que le battement du dualisme : l'ancien et le nouveau[1]. »

L'argument de cette exposition rapporte le vêtement, un « objet » de notre culture matérielle, à un « sujet », les avant-gardes artistiques européennes, pendant la période de l'entre-deux-guerres[2].

Dans les années dix et vingt, le bouillonnement des esthétiques en Italie puis en Russie, où souvent, « la fusion de la poétique et de la politique a constitué l'avant-garde[3] » a facilité la reconnaissance des œuvres. Le manifeste manuscrit de Giacomo Balla portant sur la réforme du vêtement masculin (1914), rédigé cinq années après le manifeste fondateur du mouvement futuriste de F. T. Marinetti, ouvre la séquence italienne. La révolution du vêtement masculin se poursuit dans les années trente avec les projets de Tullio Crali et de Victor Aldo De Sanctis, un ami de Marinetti (cat n° 5 et 22). Sous l'influence de l'aéropeinture, dernier développement du futurisme, la forme et le décor des accessoires, en particulier les chapeaux et les cravates, sont radicalement renouvelés.

Provenant du musée d'État russe de Saint-Pétersbourg, quatre dessins de l'artiste suprématiste Olga Rozanova témoignent de la volonté des artistes, dès 1915, de renouveler les modèles de costumes et d'accessoires féminins. Dans la Russie post-révolutionnaire, l'essentiel de la création textile et vestimentaire s'échelonne sur deux à trois ans, de 1923 à 1925-26, avec les suprématistes à Saint-Pétersbourg (1923-25, cat n° 91) et les constructivistes à Moscou (1924-25, cat n° 178). L'œuvre des artistes russes émigrés à Paris lui est contemporaine, avec la figure centrale de Sonia Delaunay, et se poursuit dans les années trente avec Ilia Zdanévitch dit Iliazd et Paul Mansouroff[4].

Une rétrospective majeure du Bauhaus prévue à Berlin pour 1997, nous a empêché de développer davantage les différents aspects de la production de cet institut allemand. La figure essentielle de Moholy-Nagy l'évoque cependant, (cat n° 224) ainsi que l'œuvre de Johannes Itten, enseignant à l'École d'impression textile de Krefeld de 1932 à 1937 après avoir quitté le Bauhaus et son école berlinoise (cat. n° 248). En Europe de l'Est, nos investigations dans le domaine vestimentaire n'ont abouti ni en Pologne, ni en Hongrie, mais grâce à Helena Jarosová, ce catalogue rend compte avec précision d'une manifestation particulièrement originale qui s'est tenue à Brnó, près de Prague, en 1929 (« La Femme civilisée », p. 126). Malheureusement, les modèles susceptibles d'être exposés n'existent plus. Enfin,

8

1. Henri Meschonnic,
Modernité modernité, Paris, 1988,
Verdier, p. 95.
2. *Ibid.*, p. 84 « L'avant-garde implique
un mouvement, vers le progrès,
en groupe. En Italie, le mot vient de
France vers 1890. En Russie,
le terme est resté exclusivement
politique, et on a parlé d'"art
de gauche". Dans le domaine
allemand, le mot "apparaît
chez Benjamin pour la première fois en
1929". Sur la problématique de l'avant-
garde, voir aussi Jean Clair,
*Considération sur l'état des beaux-arts.
Critique de la modernité*, Paris, 1983,
Gallimard, p. 76 et l'introduction de
Jean-Claude Marcadé,
L'Avant-garde russe, Flammarion, Tout
l'Art, Paris, 1995.
3. Meschonnic, *op. cit.*, p. 87.
4. Indisponibles, les œuvres d'Alexandra
Exter, figure importante de l'avant-
garde, ne sont malheureusement pas présentées
dans cette exposition.

l'impossibilité de concevoir un ensemble visuel cohérent autour de l'œuvre de Théo Van Doesburg, chef de file du mouvement d'avant-garde néerlandais « De Stijl », nous a contraint à ne pas présenter les Pays-Bas au cours de l'exposition ; dans ce catalogue, l'article de Gabriele Mahn y pallie avantageusement.

Notre tournée européenne a été marquée par des rencontres d'artistes, d'artisans et de légataires de ce profond bouleversement intervenu pendant l'entre-deux-guerres, quand l'art pense la vie autrement. À Moscou, Varvara Rodtchenko et Alexandre Lavrentiev nous ont reçu dans l'atelier de leurs parents et grands-parents, le fameux couple constructiviste, et une ouvrière de la fabrique Triokhgornaïa a évoqué pour nous l'activité de sa collègue Liudmilla Maïakovskaïa, sœur du poète Vladimir Maïakovski. Toute notre reconnaissance va enfin à l'architecte Alberto Sartoris qui réside en Suisse, dans le canton de Vaud ; familier et ami de la plupart des artistes futuristes italiens de l'entre-deux-guerres, il nous a comblé de sa vive humanité.

Dans toute l'Europe jaillit l'idée d'affranchir le vêtement de la mode : d'une origine géographique, Paris, et d'un cycle temporel, la saison [5]. Des activités complémentaires se développent : en Allemagne, en Russie, ou encore en Suisse, les artistes ne dissocient pas leurs travaux artisanaux ou industriels de l'enseignement qu'ils dispensent au Bauhaus, aux Vkhoutémas ou encore, pour Sophie Taeuber, à l'école des arts appliqués de Zurich. Ainsi, la production des ateliers, des fabriques soviétiques ou des Case d'Arte italiennes, nouveaux laboratoires d'expérimentation, ne saurait rester indépendante d'une réflexion théorique, technique (programmes des cours, brevets d'invention, typologies vestimentaires en Europe de l'Est) ou poétique (manifestes en Italie principalement), qu'il conviendra d'évoquer tour à tour.

5. La sélection des œuvres exposées comprend environ 50 vêtements, autant d'accessoires, plusieurs dizaines d'échantillons textiles et plus de cent dessins.

Hannes Meyer. Fermeture à glissière, vers 1929
Photographie, Bauhaus Archiv Berlin

Portrait de Rodtchenko en combinaison devant les constructions spatiales démontées, photographie de Kaufmann
Moscou, archives Rodtchenko et Stépanova (cat. n° 217)

Cette mise en perspective inhabituelle de Paris, consacrée, non sans raison, depuis le XIXe siècle, capitale de la mode, s'est alors imposée, avec l'ambition de compléter à rebours le remarquable exposé de Guillaume Garnier qui concevait, il y a dix ans, la manifestation « Paris-Couture-Années Trente » au musée de la Mode et du Costume[6]. L'œuvre exposée, textile ou vestimentaire, est née de l'activité temporaire d'artistes qui, arrivés dans la capitale, devaient gagner rapidement leur vie. Aussi n'avons-nous retenu que les artistes reconnus dans leur pays d'origine. Ce qui exclut les nombreuses maisons de couture parisiennes fondées par des émigrés russes ou encore la célèbre couturière d'origine italienne Elsa Schiaparelli[7].

C'est en contrepoint de la réorganisation des industries nationales de l'habillement qu'émerge une zone sensible de notre étude. En Italie, en Russie, les artistes ont contribué de façon marginale à l'émergence d'une couture ou d'une industrie nationale de l'habillement[8]. Et leur venue à Paris, encore sans conséquence profonde sur la création de haute couture, nous incite cependant à mettre en exergue l'accueil extraordinaire et l'amitié que Madeleine Vionnet, Gabrielle Chanel, Marie Cuttoli, directrice du salon Myrbor ont réservé à Thayaht, Iliazd, Gontcharova ; ou encore la solidarité entre les artistes immigrés eux-mêmes, Sonia Delaunay avec Iliazd et Mansouroff, Iliazd avec Mansouroff... La rupture entre des conceptions vestimentaires du pays d'origine et une adhésion obligée au monde parisien de la mode, est relativisée par la continuité de l'activité artistique dans le cadre restreint des fabriques ou ateliers de couture, qui permettaient la poursuite d'activités annexes (peinture, écriture...).

À Paris, il n'est d'ailleurs pas surprenant que l'artiste émigré ait été engagé par un grand couturier dont la sensibilité artistique pouvait ainsi se révéler. Certains « couples » formés d'un couturier et d'un artiste sont restés célèbres : Paul Poiret et

6. Notre collègue relevait « la place considérable des étrangers à Paris, dans le milieu de la mode »...
et en concomitance « l'ampleur de l'évolution qui dans chacun des pays en relation avec la mode française, a gêné, freiné l'extension de l'influence parisienne. » (p. 129). Voir en particulier le chapitre « Paris capitale cosmopolite » p. 115-129.
7. Sur le sujet, voir G. Garnier, Paris, 1987, p. 115-129 et l'ouvrage à paraître, en langue russe, d'Alexandre Vassiliev sur les maisons de couture à Paris.
8. Seule N. Lamanova fait partie du laboratoire scientifique du vêtement artistique au sein du Narkompros (commissariat du peuple à l'instruction). En Italie, les artistes futuristes ne font pas partie de l'Ente, fondée en 1932.

11

Raoul Dufy, Jeanne Lanvin et Armand Rateau, Madeleine Vionnet et Thayaht, Gabrielle Chanel et les artistes russes ou encore Schiaparelli et Dali. Commencée souvent à l'occasion de la mise en scène d'un ballet, d'une pièce de théâtre, d'une exposition ou d'une fête, leur collaboration présente des aspects très divers. Elle sert le désir, complexe et plus ou moins obscur, du couturier de doter la mode d'une valeur artistique en lui insufflant l'esprit des mouvements esthétiques contemporains. C'est un propos que l'exposition ne reprend pas systématiquement à son compte puisque le cubisme ou le surréalisme n'y figurent pas. Dans le domaine vestimentaire, le dessin cubiste connaît une apogée relativement tardive, après la Première Guerre mondiale, comme terme générique désignant des « lignes géométriques au dessin heurté mais harmonieux (qui représente) pour les générations futures la période troublée, certes, remplie de chocs et de heurts, mais si pleine d'intérêt et d'action qui aura été la nôtre[9] ». Si le cubisme embellit les formes et le décor de l'entre-deux guerres, il ne vise pas pour autant à structurer l'espace d'une nouvelle vie sociale par le truchement d'un vêtement présenté comme une proposition synthétique originale.

On connaît le goût des surréalistes pour le costume[10]. Ainsi, la réalisation d'objets surréalistes concentre autour de Schiaparelli les talents inventifs de Dali et de Meret Oppenheim traduisant l'inconscient et l'étrange de l'objet dans sa relation directe ou indirecte, encore poétique, au corps humain. Cet univers onirique déjà évoqué par deux expositions, la première à Paris sur l'œuvre de Schiaparelli, la seconde à New York[11], nous a semblé bien distinct du projet utopique des artistes retenus pour cette exposition. Tous animés par une préoccupation commune, celle d'unifier l'art et la civilisation technique, ils élaborent une culture matérielle au sein de laquelle le vêtement trouve une place entière et spécifique, hors de la

9. *Vogue*, mai 1925, « L'art décoratif moderne trouve son application dans la mode », p. 14-19.
10. *Cf.* Whitney Chadwick, *Les Femmes dans le mouvement surréaliste*, Paris, 1986, Chêne, p. 106 : Lee Miller venait aux soirées les ongles peints en vert, Dorothea Tanning aimait porter un costume en peau de léopard recouvert de seins. En 1935 et 1936, Dali réalise pour Schiaparelli le fameux chapeau-soulier et la robe de soirée ornée d'un homard imprimé en renonçant, dit-on, difficilement à la mayonnaise (p. 119). La vision surréaliste du corps fragmenté se retrouve dans la réalisation d'accessoires et de vêtements aussi différents les uns que les autres ; la vision du corps demeure absente de l'esthétique vestimentaire des avant-gardes.
11. « Hommage à Elsa Schiaparelli », Paris, MMC (Pavillon des Arts), 1984 et « Fashion and surrealism », New york, FIT, 1987.

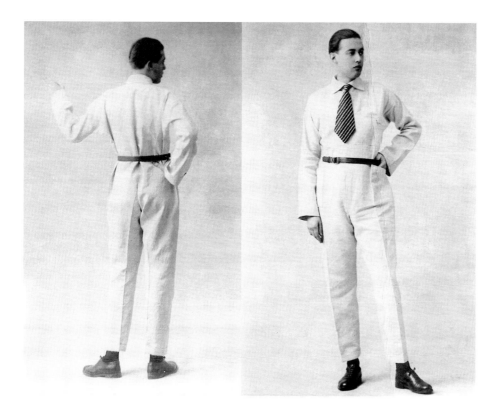

13

12. *op. cit.* note 8, p. 119.
13. Le catalogue tchèque pose la problématique du corps féminin en relation avec un vestiaire fonctionnel complet incluant même des sous-vêtements, des robes de grossesse... Voir l'article de H. Jarosová, « La Femme civilisée », p. 126.
14. René Etiemble, *Hygiène des lettres IV : poètes ou faiseurs*, Paris, Gallimard, 1966.
15. S. Delaunay, Robes-poèmes : « Le Ventilateur tourne », « Cette Éternelle Femme », cat n° 110-111, 1922/Iliazd, calligraphies pour le col et les manches d'une robe, cat n° 229, 1922.
16. Expression courante dans le jargon de la mode qui désigne la chaîne de réalisation (création et fabrication) du vêtement, de la matière première au produit fini.

mode. Or, les accessoires et les modèles surréalistes font partie intégrante du phénomène de mode, et André Breton jugea aussitôt leur utilisation réactionnaire[12]. L'utopie vestimentaire théorise quelques nouveaux types pour un usage universel, sans vraiment poser une typologie synthétique (l'exemple tchèque constituant l'exception[13]), ni prévoir d'assurer la reproductibilité ou la fabrication à grande échelle du vêtement. Autre paradoxe, associer le vêtement à son inventeur va à l'encontre de l'universalité et donne naissance à un genre de portrait photographique original, à caractère redondant : l'artiste posant dans un vêtement conçu et fabriqué par lui-même. Les exemples de ces « vêtements d'artistes » abondent dans le parcours de l'exposition : ceux des futuristes italiens Balla, Depero, Thayaht, et des constructivistes russes Tatline, Rodtchenko, Stépanova et Moholy-Nagy (de 1919 à 1926). Cette démarche n'est pas sans rappeler Etiemble pour qui le poète agit comme « faiseur » ou « fabricateur » de mots[14]. Car, simultanément, à Paris, dans le cercle formé par Tzara, Iliazd, Sonia Delaunay et tant d'autres artistes, le vêtement sert de support matériel à un nouveau champ d'investigation poétique dont plusieurs dessins rendent compte dans l'exposition[15] (1922-1923).

L'inspiration caractérise donc l'action de ces artistes plasticiens, nouveaux « confectionneurs » pour encore filer la métaphore. Ils n'inscrivent pas seulement le vêtement dans une réorganisation générale des formes de vie, mais souhaitent aussi maîtriser le « processus de création[16] ». Cette démarche synthétique innove en regard de la création extrêmement morcelée du vêtement, de la pièce textile jusqu'à son élaboration en trois dimensions. Deux artistes russes, Varvara Stépanova à Moscou et Sonia Delaunay à Paris, réfléchissent particulièrement à cette étape de la transformation, et proposent d'intervenir *a contrario* dans le processus, soumettant par exemple la conception du décor textile (imprimé ou brodé) à celle de la coupe

Olga Rozanova. Projet de robe suprématiste, 1917-1918
Saint-Pétersbourg, musée d'État russe (cat. n° 92)

du vêtement. Sonia Delaunay fait ainsi breveter en 1925 un procédé visant à rationaliser la coupe des vêtements (brevet n° 596 012, INPI). Constatant que les raccords des pièces textiles imprimées ou brodées entraînent des pertes importantes, elle propose l'invention de l'« étoffe-patron », qui limite l'impression (ou la broderie) à l'intérieur du tracé des pièces du vêtement (dos, devants, manches...). Varvara Stépanova déclare à son tour : « Il ne faut plus parler de tissus à assortir à un vêtement, il est temps de partir de la conception du vêtement pour aller vers la conception de la structure du tissu, cela permettra d'un seul coup à l'industrie textile de se débarrasser de l'effrayante quantité d'assortiments de tissus dont elle dispose actuellement, et lui offrira la possibilité d'une véritable standardisation, la possibilité d'améliorer enfin la qualité de sa production [17]. »

Le spectateur est aussi invité à voir la vérité mécanique du travail que désormais l'artiste-couturier exhibe délibérément. Après qu'Apollinaire a recommandé « qu'on voie le travail, (puisque) c'est par la quantité de travail fourni par l'artiste que l'on mesure la valeur d'une œuvre d'art [18] », Varvara Stépanova exalte la vision des piqûres réalisées à la machine pour la confection de la combinaison de Rodtchenko : « Ce qui donne sa forme au vêtement, ce sont les coutures indispensables à la coupe. Je dirais même plus, on doit montrer les points, les agrafes... les mettre à nu comme dans une machine. Plus de coutures invisibles faites à la main, mais la ligne de piqûres de la machine... [19] » Ainsi particulièrement mise en valeur, la destination utilitaire détermine la forme et la structure du vêtement. « Les productivistes vont dessiner des vêtements pratiques, adaptés aux différents mouvements du corps (pendant le travail ou le loisir) par différentes transformations (des poches, des rabats mis en évidence par des coutures, des éléments agrafés, superposés) [20]. » Cette volonté de donner à voir la vérité de la coupe, le vêtement ne

17. Propos de V. Stépanova rapporté dans Lavrentiev, *op. cit.*, p. 79 : « Du costume au dessin de tissu », dans *Vetcherniaïa Moskva*, 28 fév ; 1928. Voir ci-après A. Lavrentiev, p. 70 et R. Bonito-Fanelli, p. 136.
18. Apollinaire, *Œuvres en prose complètes*, tome 2 : « Méditations esthétiques. Les peintres cubistes », Paris, Gallimard, bibliothèque de la Pléiade, 1991, p. 25.
19. *Lef*, n° 2, 1923, cité par Khan Magomedov, Paris, 1990, vol. 2, p. 703.
20. *Cf. Design, miroir du siècle, op. cit*, p. 178-180.

21. Robert Friedel, *Zipper,
an exploration in novelty*, New York,
1994, W. W. Norton & Company,
p. 157. Archives de l'entreprise
Éclair Prestil, doc. « Genèse
de la fermeture Éclair », fév. 1967.
Le groupe américain ICI ouvre
après la Première Guerre mondiale
des filiales dans toute l'Europe ;
la société française « La fermeture
Éclair » est ainsi fondée en décembre
1924 à Rouen. Dans les années 30,
Schiaparelli utilise la fermeture à
glissière en plastique en l'employant
comme élément décoratif et non comme
mode de fermeture du vêtement *op. cit.*,
note 8, p. 194-195.
22. Voir « collage et montage au théâtre
et dans les autres arts durant les
années 20 », Table ronde internationale
du CNRS, Paris, 1978,
La Cité, L'Âge d'homme,
p. 10-14.
23. Thomas More, *L'Utopie*, Paris,
Éd. sociales, 1974, p. 129 (l'ouvrage
a été publié en 1516). Notre réflexion
sur l'utopie vestimentaire est alimentée
par deux excellents articles de Aileen
Ribeiro, « Dress in Utopia », *Costume*,
1987, n° 21, p. 26-33 et de Richard
Martin, « Dress and dream : the utopian
idealism of clothing », *Arts magazine*,
octobre 1987, p. 58-60, les seuls sur la
question à notre connaissance.

montrant pas autre chose que son fonctionnement, figure la relation de l'homme au monde dans une vision nouvelle et poétique. L'intérêt pour l'assemblage fonctionnel et mécanique du vêtement se retrouve encore au travers d'une robe portée par madame Johannes Itten (1932-1937, cat n° 256), pourvue devant, bien visible, d'une fermeture à glissière en plastique rouge. L'historiographe de la fermeture à glissière, Robert Friedel, en précise la découverte en 1893, par un américain de Chicago, Whitcomb L. Judson, puis en décrit les mises au point successives jusqu'à son importation en Europe pendant la Première Guerre mondiale [21]. La mise au point de fermetures en plastique cellulosique date des années trente (p. 194) et la production en Allemagne est assurée par la firme Zipp/Werk. Montrer le mode d'assemblage des pièces du vêtement rappelle un débat théorique contemporain, littéraire et idéologique, sur le collage et le montage dans les arts [22].

Animés par la volonté de maîtriser les différents jalons du « processus de collection », les artistes posent parallèlement les fondements d'une typologie vestimentaire nouvelle. Si la typologie relevant du phénomène de mode développe des cycles (la vie, les saisons, le jour, le soir...) principalement en relation avec des activités de loisirs, en revanche, celle qui vise à s'en affranchir s'inscrit « dans » l'espace de la production et « hors » du temps évolutif qui engendre les métamorphoses (souvent dénommées caprices !) de la mode. C'est pourquoi, soit la diminution de consommation vestimentaire, soit l'inspiration uniforme du vêtement de travail sont apparues comme des alternatives idéales posées à la mode. Dans *Utopie* de Thomas More, l'homme n'a déjà aucune raison de désirer toujours plus de vêtements [23] : « Vous allez voir combien il en coûte peu aux Utopiens pour se vêtir....Tandis qu'ailleurs, il faut à chacun quatre ou cinq habits de différentes couleurs, autant d'habits de soie, et aux plus élégants, au moins une dizaine. Les

Giacomo Balla. Huit modifiants, vers 1914
Rome, coll. Biagiotti-Cigna (cat. n° 28)

Utopiens n'ont aucune raison d'en rechercher un aussi grand nombre ; ils n'en seraient plus commodémment ni plus élégamment vêtus. » Que Thayaht soit encore le premier artiste à lancer la « tuta » (combinaison-pantalon) n'est pas un hasard. Sa conception est proche d'un autre vêtement revêtant le corps dans son entier, l'« overall » américain. « L'"overall" - littéralement "vêtement de dessus" est un terme générique qui désigne les différentes tenues proposées aux travailleurs : salopettes, vestes multipoches, combinaisons et pantalons [24]. » Rappelons que la mère de Thayaht est d'origine américaine, ce qui explique que l'artiste propose le patron à échelle réduite de la « tuta » avec des commentaires aussi bien en italien qu'en américain [25]. La même année, le Viennois Adolf Loos prédisait à l'homme en « overall », une destinée universelle : « L'ouvrier américain, avec son esprit pratique, ne vit pas pourquoi il porterait un survêtement fait de deux pièces. Il utilise un vêtement de travail qui présente bien des analogies avec le premier pantalon de nos enfants. Le pantalon couvre aussi la poitrine et il est soutenu par des brides au dessus des épaules. C'est cette tenue qui se nomme "overall". Elle deviendra celle des ouvriers européens. Un demi-million d'Américains ont travaillé pendant la guerre dans les usines françaises, un autre demi-million derrière le front. Ce million de travailleurs a popularisé cette tenue de travail en France. Dans trente ans elle s'introduira aussi en Autriche. Alors le politicien, comme le fait depuis trente ans son collègue américain, dira avec emphase : "l'homme en overall [26]" ». Avant d'être couramment dénommé « design », le souci de vérité commun à toutes les combinaisons que nous avons pu recenser — la « tuta » de Thayaht, la combinaison de Rodtchenko, le modèle de Tatline, les tenues de travail conçues par Varvara Stépanova et Lioubov Popova, le costume de Moholy-Nagy — exhibant des poches, des coutures, des boutonnières... apparentes, fonctionnelles (cat. n° 207 à 228),

24. Sur son histoire, voir seulement l'article de Pascale Gorguet-Ballesteros, « Jean, denim, jeans : deux noms, deux étoffes, une forme. Recherches sur leurs origines », p. 25-38 du cat. expo. *Histoires du jeans*, MMC, 1994-1995.
25. Cat. n° 207 à n° 213. Voir l'édition américaine du patron dans F. Chenoune, *op. cit.*, p. 142.
26. *Cf.* Adolf Loos, *Paroles dans le vide (1897-1900). Malgré tout (1900-1930)* : « Réponses à des questions du public, (1919) », p. 258-275 et particulièrement p. 266, Paris, 1979, Champ Libre.

appelle une lecture immédiate du vêtement et de sa destination. « Et il est vrai que le vêtement fonctionnel, utilitaire, est celui qui répond parfaitement aux normes du design. Première marche de l'environnement mécanique, le vêtement lorsqu'il est fonctionnel, est modulé à partir d'une étude ergonomique et fonctionnaliste extrêmement précise[27]. » Avec les précisions apportées par Gabriele Mahn sur l'origine du vêtement de Moholy-Nagy (p. 114), un épisode de la biographie de Tatline nous est revenu en mémoire. Dans sa jeunesse, avant de concevoir le « vêtement nécessaire » dont Radu Stern rend compte (p. 66), il servait dans la marine marchande. Avatar de l'« overall » ou du costume marin, l'utopie du vêtement unique témoigne, une nouvelle fois, de la pérennité des échanges (ou appropriations) dans l'histoire du costume occidental.

En même temps que la fonction du vêtement attire l'attention sur sa matérialité même, il se dégage aussi de l'objet une autonomie extraordinaire – suivant le langage poétique – de ses connotations, qui se révèlent foisonnantes à l'excès. Les auteurs de tous les articles de ce catalogue nous convient en effet à un spectacle dans lequel le vêtement libère tous les possibles : la couleur, la lumière, le bruit, la mobilité et l'odeur. Tous les objets exposés, pour ainsi dire, condensent cette idée. Et cette expression du nouvel idéal de vie affleure peut-être davantage dans le plus petit objet exposé ici, l'insigne, auquel, dans un formidable réseau de correspondances, des sensations comme des messages sont associés. Un hasard heureux nous a permis de rassembler pour cette exposition les fameux modifiants de Giacomo Balla conçus vers 1914, ainsi que les trois projets de broches suprématistes dessinés par Malévitch (1923) . Ce sont des lettres initiales, « F » (pour Futuriste) et « A » (pour Arp, ou artiste ?) qui structurent la composition de la broche dessinée par Enrico Prampolini (1924) et des boutons créés par Sophie Taeuber (années vingt). Mis en

27. Voir l'article de Dominique Dupré et Gilles de Bure, « Le Vêtement fonctionnel », dans *Cree*, Paris, nov. 1971, 50.
La réflexion autour du vêtement des années 90 s'oriente en ce sens.

28. Dans l'ouvrage *Nous irons jusqu'au soleil,* Sonia Delaunay déclare : « Les années folles... je préfère les appeler les années poétiques », Paris, R. Laffont, 1978, p. 95.

29. Meschonnic, *op. cit.*, p. 83 : « Les avant-gardes, contrairement à leur nom, ne sont pas les premières, ni les seules, à porter la modernité. » Sur l'utilisation traditionnelle des matières comme le coton, la soie et la laine, par les artistes russes à Moscou et à Paris, l'entre-deux-guerres étant une période d'avancées technologiques, *cf.* l'article de R. Bonito-Fanelli, p. 134. Dans les années 30, les futuristes italiens utilisent le métal (*cf.* notices).

30. Et en Chine. Les précisions concernant l'histoire de la veste que les Occidentaux, mais non les Chinois, dénomment « veste Mao », nous ont été données par madame Bonnie Tchien Hy. Zhong Shan est le deuxième prénom de Sun Yat-Sen ; « Zhuang » signifie « costume » en chinois. La veste devient officielle dès 1929, en mémoire du 1er président de la république de Chine (1912-1913) qui avait souvent séjourné en Europe et aux États-Unis. La veste officielle, de couleur grise ou verte, est pourvue de 5 boutons représentant 5 tâches administratives fondamentales, de 4 poches représentant 4 vertus et de 3 boutons sur la manche représentant des 3 principes du peuple selon Sun Yat-Sen : le nationalisme, la démocratie, le socialisme. Depuis les années 60, un modèle de veste à col droit, poches plaquées et boutons boules, n'a été fabriqué en Chine qu'à destination de l'Occident. Ce vêtement mériterait qu'un chercheur entreprenne d'en retracer l'histoire.

relation avec les « robes-poèmes » de Sonia Delaunay et les « parements-poèmes » d'Iliazd[28], ces images inspirées démontrent encore, s'il en était besoin, l'affinité réelle qui unit le vêtement d'avant-garde et la démarche poétique.

La multiplicité de figures métaphoriques qui ressort de la vérité du vêtement, laisse à l'artiste, comme à ses émules potentiels, des possibilités infinies de composer un costume pour l'inscrire de concert dans un « art vestimentaire » symbolique. Dans un enthousiasme dynamique collectif, les artistes d'avant-garde rendent complémentaires les activités de couturier, d'ingénieur-textile et d'enseignant, sans forcément « porter la modernité [29] », textile et vestimentaire d'une part, politique et idéologique d'autre part, de l'histoire européenne. Dans leurs pays d'origine comme à Paris, les artistes italiens et russes pratiquent un artisanat mécanisé tirant parti de fibres et de matériaux naturels, avec des débouchés de production limités, alors que de formidables avancées technologiques (les fibres et les matériaux manufacturés) et industrielles (la confection et la distribution) s'avèrent exactement contemporaines. Ce décalage, comme les uniformes des « chemises noires » et des « chemises brunes » qui se répandent alors dans l'Italie fasciste et dans l'Allemagne nazie [30], rendent leurs utopies doublement vulnérables.

19

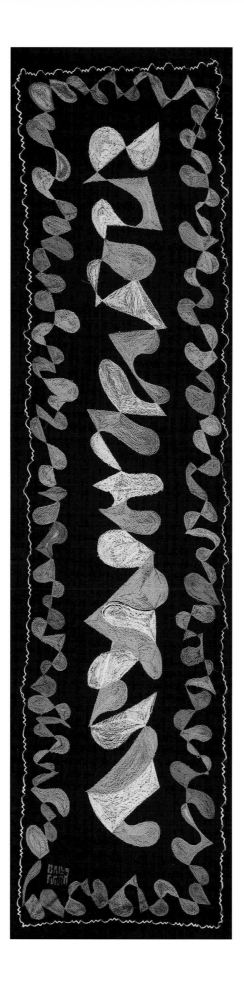

italie

La mode futuriste

Giovanni Lista

Le futurisme, nourri par l'exaltation du progrès et par la recherche constante d'une plus grande connexion de l'art avec la vie, ne pouvait que s'intéresser à la mode comme synonyme de modernité. La mode, par ailleurs, qui relève par définition des valeurs de l'éphémère, garde une relation secrète avec la mélancolie. C'est pourquoi elle a été un sujet de réflexion pour Leopardi[1], le poète de la *noia*, autant que pour Baudelaire, le poète du *spleen*. Marinetti a précisément rejeté tout emprise de la mélancolie dans l'art et dans la vie. Contre « la passion des choses éternelles », qui mène au culte de la beauté immuable autant qu'à l'art pour le musée, contre l'art du « souvenir nostalgique » des symbolistes, il a proclamé l'abolition de tout modèle saturnien pour l'artiste. Il a ainsi défini la nouvelle tâche de l'art futuriste : « À la conception de l'impérissable et de l'immortel, nous opposons, en art, celle du devenir, du périssable, du transitoire et de l'éphémère[2]. » C'est de cette esthétique de l'éphémère que procède la mode futuriste[3].

Les recherches futuristes dans le domaine de la mode, comme dans le domaine plus général de ce qu'on appelle « les arts appliqués[4] », ne semblent pas s'être développées de façon cohérente et unitaire. Mais, au-delà des différentes positions théoriques ou des multiples solutions formelles envisagées, le projet d'une mode futuriste correspond uniquement à deux principes apparement opposés et pourtant complémentaires : l'imagination et la fonctionnalité. D'une part, l'impérieuse revendication d'une liberté créatrice qui n'accepte pas l'insuffisance esthétique du monde. D'autre part, la volonté d'adhérer à l'exemplarité universelle produite par les valeurs de la modernité scientifique et technologique. Dans les deux cas, il s'agit d'un refus radical des traditions normatives et des conventions sociales de la société bourgeoise.

Dès mars 1910, dans leur livre *L'Art de l'avenir*, Arnaldo Ginna et Bruno Corra indiquent dans « les vêtements, en particulier les vêtements pour femme » l'un des champs d'application de l'« accord chromatique » qu'ils situent à la base du langage abstrait des couleurs : « En utilisant conjointement les données de la physique et les suggestions de l'intuition, il est possible d'obtenir de très beaux effets. » Ils parlent ainsi de « la symphonie fort complexe (de couleurs, de formes, de tactilité, de présence corporelle) » que produisent les foules aux vêtements de couleurs variées[5]. Les mois suivants, ils s'en prennent polémiquement à l'incompétence des « fabri-

1. *Cf.* Giacomo Leopardi, « Dialogo della moda e della morte », dans *Opere complete*; Edizioni Mursia, Milan, 1967. Écrit en février 1824 et publié trois ans plus tard, ce texte de Leopardi témoigne d'une sensibilité qui sera rejetée par le futurisme.
2. Filippo Tommaso Marinetti, *Nous renions nos maîtres les symbolistes, derniers amants de la lune* (1910), manifeste republié dans G. Lista, *Marinetti*; éd. Seghers, Paris, 1976.
3. Par ailleurs, l'art d'avant-garde pourrait être considéré comme un phénomène essentiellement de mode, c'est-à-dire une manière de fabriquer du permanent à partir du transitoire. *Cf.* Léon Werth, *La Peinture et la Mode*; éd. Grasset, Paris, 1946.
4. *Cf.* Umberto Pecchini, *Oggetti futuristi-Futurist objects*; ed. Eco, Turin, 1986.
5. Arnaldo et Bruno Ginanni-Corradini, *Arte dell'avvenire*; Tip. Mazzini, Ravenne, 1910. Les deux frères faisaient alors partie d'un groupe d'avant-garde qui se réclamait du « libérisme cérébriste ». Ils prendront peu après les pseudonymes d'Arnaldo Ginna et de Bruno Corra en adhérant officiellement au mouvement futuriste de Marinetti.

Giacomo Balla. Veste et pantalon futuristes, vers 1930
Varese, coll. Missoni (cat. n° 10)

cants de mode féminine[6] », ils préconisent la naissance d'une véritable « mode de la couleur dans l'habillement », ils insistent sur la puissance vitale de la couleur au sein des foules en mouvement dans la ville moderne. Mais ils prescrivent également un « habit blanc » pour les spectateurs de leurs concerts de « musique chromatique », pensant sans doute renouveler l'une des traditions des spectacles d'opéra à Venise, au XVIIe siècle, lorsque le public se rendait au théâtre masqué de blanc et drapé de noir.

La première manifestation concrète d'une mode futuriste, ou du moins la première sur laquelle on dispose d'une documentation historique, date de septembre 1911. Les futuristes sont alors à Paris, pour rencontrer Picasso et prendre connaissance de la peinture cubiste. Fernande Olivier raconte : « Boccioni et Severini, à la tête des peintres, avaient inauguré une mode futuriste qui consistait à porter deux chaussettes de couleur différente mais assorties à leur cravate. Pour qu'on les vit bien au café de l'Ermitage, qui était devenu le siège social du groupe depuis que Picasso habitait boulevard de Clichy, ils tiraient très haut leurs pantalons et découvraient deux jambes, une verte, une rouge, sortant des souliers. Le lendemain, le rouge avait laissé place au jaune et le vert au violet, mais les couleurs en général devaient être complémentaires. Je pense qu'ils trouvaient cette innovation géniale[7]. » Apollinaire précise de son côté l'un des accords chromatiques des chaussettes désassorties de Severini : framboise au pied droit, vert bouteille au pied gauche[8]. Deux principes de base de la mode futuriste : l'asymétrie et l'éclat des couleurs[9], autrement dit : dynamisme et vitalité festive étaient clairement définis dans ce premier dérèglement des normes vestimentaires bourgeoises. Il faut également souligner le caractère ostentatoire du geste. La mode futuriste relève déjà d'une pleine conscience idéologique. C'est un programme qui tient à la fois de la

6. Arnaldo et Bruno Corradini, *Arte dell'avvenire, paradosso*; Libreria Beltrami, Bologne, 1911. Dans son livre *Il Futurismo e la moda* (ed. Marsilio, Venise, 1986), Enrico Crispolti ne cite que cette seconde édition du livre de Ginna et Corra, ignorant les autres écrits publiés à cette époque par les deux frères.

7. Fernande Olivier, *Picasso et ses amis*; éd. Stock, Paris, 1933.

8. Guillaume Apollinaire, « La Vie anecdotique », dans *Mercure de France*, 16 septembre 1911, Paris.

9. C'est probablement avec Loïe Fuller que l'éclat des couleurs devint l'un des thèmes de la mode. La « serpentine » aux mille couleurs de la danseuse américaine inspira en effet foulards, chandails et plusieurs autres articles vestimentaires. *Cf.* G. Lista, *Loïe Fuller, danseuse de la Belle Époque*; éd. Stock-Somogy, Paris, 1994.

25

provocation et de l'implication sociale. En effet, le futurisme n'est pas une simple école de peinture, mais un élan révolutionnaire qui préconise l'« art-action » pour changer l'homme et le monde.

Parmi les futuristes, Balla est le seul à ignorer les préoccupations d'ordre théorique autant que l'engagement d'une contestation directement menée au sein du corps social. Très motivé par une laïcisation de l'art, celui-ci étant désormais appelé à sortir du musée pour se confronter à l'espace du quotidien, il pense que l'art d'avant-garde doit se développer comme facteur de transformation des modes de vie [10]. Ainsi, à la différence de Ginna et Corra, ou de Severini et Boccioni, c'est par le concret qu'il aborde l'exigence d'une mode futuriste. En juin 1912, il est à Düsseldorf, hôte des Löwenstein qui l'ont chargé des décorations murales de leur nouvelle villa sur le Rhin, lorsqu'il écrit à sa femme restée à Rome : « Mes vêtements ont fait fureur, particulièrement le dernier de couleur claire à petits carreaux, à tel point qu'ils m'ont interdit de porter autre chose. J'ai dû sortir ainsi habillé avec eux en ville. Tout le monde me regardait de manière assez insolite [11]. » Quelques mois plus tard, dans une lettre datée du 18 novembre, il mentionne un autre vêtement : une veste à larges revers, sans col, bordée d'un biais blanc, avec un pantalon assorti. Balla renonce à utiliser vraiment la couleur, sans doute parce que ces vêtements sont au départ conçus pour une sorte de « salon de musique » des Löwenstein [12]. Le noir et le blanc devaient s'accorder aux décorations très colorées de l'espace et au fait même d'écouter de la musique, selon une idée comportementale de mise en situation fort semblable à celle énoncée par Ginna et Corra. Mais en 1912, Balla possède déjà une importante garde-robe futuriste de ville et il a réalisé de nombreuses esquisses de vêtements. Dans l'une d'elles, il apparaît vêtu d'un habit noir asymétrique à bandes blanches, dans une autre il porte un « complet » noir. La

10. L'un des événements majeurs de la formation de Balla fut sa visite à la grande « Esposizione Internazionale d'Arte Decorativa Moderna » qui se tint en 1902 à Turin, sa ville natale.
11. *Loc. cit.* dans Elica Balla, *Con Balla*, vol. I ; ed. Multhipla, Milan, 1984.
12. Dans son livre de souvenirs (*op. cit.*, p. 280), Elica Balla parle d'un vêtement dessiné par son père afin qu'il soit en accord avec le salon des Löwenstein. Dans les lettres de Balla, il est question de la construction et de l'aménagement d'un « espace de travail » dans le jardin de la villa du couple allemand dont le mari était violoniste.

Giacomo Balla. Robe portée par Luce Balla, sa fille, vers 1930
Rome, coll. Biagiotti-Cigna (cat. n° 41)

veste ne possède pas de col et l'originalité de sa coupe réside surtout dans de grands revers taillés en diagonale et fermés à l'épaule. Le pantalon est uni, sans revers, très simple. Le chapeau, les gants, les chaussures bicolores s'harmonisent aux tonalités de l'ensemble.

Entre 1912 et 1913, Balla compose des projets de tissus ainsi que plusieurs esquisses de vêtements futuristes. Il utilise désormais les éléments formels de synthèse dynamique étudiés jusqu'alors dans le domaine pictural : la «ligne de vitesse», les «formes-bruit» et les rythmes chromatiques de ses «compénétrations» qui apparaissent également dans un projet de cravate multicolore à carreaux. La recherche du dynamisme se traduit par le choix des formes géométriques simples et par le contraste des couleurs qui varient selon le moment de la journée pour lequel le vêtement est conçu. Mais le comportement vestimentaire de Balla est bien plus excentrique. D'après le témoignage de Cangiullo, il se promène alors avec «un habit à carreaux» complété d'un chapeau de paille, de chaussures noires avec des guêtres couleur plâtre et d'une «petite cravate en celluloïd tremblotant comme de la gélatine [13]». Depero confirme : «Balla portait des cravates polychromes en plastique ou en celluloïd, avec des formes géométriques, rigides et pointues.» Anton Giulio Bragaglia évoque à son tour : «Balla avait une ampoule colorée à l'intérieur de sa cravate qui avait la forme d'une petite boîte pourvue sur le devant d'un écran en celluloïd. Lors des phases les plus électrisantes de la conversation il pressait le bouton et sa cravate s'allumait : c'était le moment de ses notes aiguës [14].» Balla porte tantôt des cravates en tissu, à forme triangulaire orientée vers le haut ou vers le bas, tantôt des cravates plastiquement structurées par des assemblages en carton, en bois ou en celluloïd, selon les principes du «plurimatérisme» futuriste. À cette époque, dans son manifeste *Le Music-hall*, lancé en novembre 1913, Marinetti

13. Francesco Cangiullo, *Le Serate futuriste*; ed. Tirrena, Naples, 1930.
14. Anton Giulio Bragaglia, «Io, le sosiarò parisien», dans *Il Dramma*, n° 11, août 1969, Rome.

Balla et sa fille dans des vêtements futuristes dessinés par l'artiste, 1929-30, photographie anonyme
Paris, archives Lista

15. En fait, il faut rappeler le débat ouvert par Baudelaire, avec son « Éloge du maquillage » publié dans *Le Peintre de la vie moderne*, en 1863, et poursuivi par Max Beerbohm, Rachilde, Jean Lorrain, etc. *Cf*. Jean de Palacio, « Du maquillage considéré comme un des beaux-arts », dans *Figures et formes de la décadence*; Séguier, Paris, 1994.
16. Balla écrit en effet, le 7 février 1914, une carte postale à Boccioni en lui demandant : « Et l'architecture ? » *Cf*. G. Lista, *Giacomo Balla futuriste*; éd. L'Âge d'homme, Lausanne, 1984.
17. On peut lire une traduction intégrale de ce manuscrit dans G. Lista, *Marinetti et le futurisme*; éd. L'Âge d'homme, Lausanne, 1977. Dans la revue *Lacerba*, Palazzeschi avait publié le 15 janvier 1914 son *Manifeste futuriste de la Contredouleur* affirmant qu'il fallait « imposer aux malades des vêtements comiques ». Dans son manuscrit, Balla déclare qu'il faut en finir avec « les vêtements de deuil ».

fait preuve de la même capacité d'invention en proclamant : « Il faut absolument détruire toute logique (...) obliger les chanteuses à se teindre le décolleté, les bras, et surtout les cheveux, de toutes les couleurs jusqu'ici négligées pour la séduction. Cheveux verts, bras violets, décolleté azur, chignon orange, etc. » Larionov s'inspire de cette proposition marinettienne pour lancer à la fin de l'année, à Moscou, le « visage peinturluré » comme nouvelle forme d'art futuriste [15]. C'est seulement en janvier 1914 que Balla, peu intéressé par l'acte théorique, se décide enfin à élaborer un manifeste faisant part de ses positions en matière de mode. Des articles ont été publiés, dans la presse américaine et dans *The Daily Mirror* de Londres, faisant allusion à des « pyjamas futuristes » ou à des « costumes futuristes » pour les bals de fin d'année. Mais Balla conçoit surtout son manifeste en fonction d'un manifeste de l'architecture futuriste écrit par Boccioni dont la publication est alors imminente [16]. La relation entre l'espace urbain moderne et les couleurs de la mode est en effet une idée constante chez les futuristes. L'ébauche manuscrite du manifeste comporte également une allusion aux idées de Palazzeschi qui, dans un autre manifeste futuriste, vient d'exiger des « vêtements comiques » pour les malades dans les hôpitaux [17].

Dans son texte, après avoir dénoncé les vêtements « atrocement passéistes » de la mode contemporaine, Balla propose de construire une nouvelle mode futuriste : celle-ci, aux lignes simples, sera joyeuse, insolente, dynamique. Elle sera conçue pour durer peu de temps de façon à accroître l'activité industrielle et à donner le goût de la nouveauté au corps même de l'homme futuriste. Ses couleurs seront « musculaires » : rouge, turquoise, jaune, orange, vermillon, des couleurs franches et violentes rehaussées de tons « osseux » blancs, gris, noirs. Les dessins seront composés à partir d'éléments dynamiques abstraits tels que cônes, triangles, spirales, ellipses, cercles. Les coupes seront dynamiques parce qu'asymétriques, la manche de gauche d'un vêtement se terminant par une forme ronde, celle de droite par une forme carrée, de même pour les gilets, les paletots ou les pantalons. Le vêtement futuriste sera dynamisant, agilisant, éclairant, grâce à l'emploi de couleurs phosphorescentes ou à l'application d'ampoules électriques, et enfin, volant et aérien. Une idée encore plus révolutionnaire est celle des « modifiants », c'est-à-dire d'éléments que l'on peut placer sur le vêtement lorsqu'on le souhaite afin de modifier ce dernier en fonction de l'état d'esprit de celui qui le porte : ainsi, le modifiant pourra-t-il être « amoureux, présomptueux, persuasif, diplomate, unitonal, multitonal, nuancé, polychrome, parfumé ». C'est un principe d'explicitation de l'éphémère semblable à celui du *tokonoma* japonais, mais sans aucune dimension intimiste. Le vêtement futuriste doit en effet influer sur le comportement subjectif et se proposer en même temps pour une immédiate communication sociale. La mode futuriste refuse la mélancolie et pense la ville. Le vêtement masculin noir, pesant, ceinturé est pour Balla déprimant et anti-hygiénique. Le nouveau vêtement futuriste doit au contraire dynamiser et égayer les foules qui déambuleront dans le décor de la nouvelle architecture futuriste. Le manuscrit se termine sur un post-scriptum qui annonce la parution prochaine d'un manifeste concernant la mode féminine.

Les polémiques internes au mouvement, qui amènent à l'annulation du lancement du manifeste de Boccioni sur l'architecture futuriste, font retarder la parution du manifeste de Balla. Celui-ci est publié le 20 mai 1914 sous la forme d'un tract replié en deux, avec le texte en version française [18] intitulé *Le Vêtement masculin futuriste*. Les idées du manuscrit y sont reprises dans une formulation à peu près identique, mais rendues parfois plus incisives et réparties en différents paragraphes. Pour l'essentiel, le manifeste ne fait qu'officialiser le comportement vestimentaire de Balla depuis son

18. Il faut en effet souligner la stratégie fort sophistiquée de Marinetti en tant que chef et entrepreneur du futurisme. Le lancement du manifeste de Balla a été fait directement à Paris, la capitale internationale de la mode. Quelques mois plus tôt, le lancement du manifeste *Le Music-hall* avait été fait en anglais, à Londres, la capitale internationale de ce genre de spectacle.

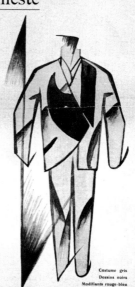

Première de couverture du manifeste en version française :
« Le Vêtement masculin futuriste » de Giacomo Balla, 1914
Paris, archives Lista

adhésion au futurisme et appliquer à la mode les principes formels de sa peinture dynamique et abstraite.

Néanmoins, les projets de vêtement dessinés par Balla dans ces premiers mois de l'année 1914, diffèrent de ceux conçus et réalisés deux ans plus tôt. Leur originalité réside surtout dans une exaspération de l'asymétrie censée apporter au vêtement un caractère dynamique. Ses derniers modèles présentent une coupe asymétrique, le panneau droit de la veste est coupé en diagonale et se termine par un arrondi, le panneau gauche est au contraire coupé « au carré ». Les couleurs, dont la tonalité varie selon qu'il s'agit d'un vêtement pour le matin, l'après-midi ou le soir, sont disposées en de grands aplats géométriques où cercles et triangles prédominent, en raison de leurs vertus « dynamisantes ». Dans des esquisses au crayon réalisées également en 1914, Balla étudie de nouveaux dessins pour les étoffes, mais en utilisant toujours des motifs amples, synthétiques et dynamiques. Des variantes apparaissent dans la coupe des vestes, parfois réassorties d'un col ou de larges revers. Sous les vestes, surtout lorsqu'elles sont dépourvues de col, Balla prévoit des gilets blancs ou d'une seule couleur, qui contrastent avec les motifs du tissu des costumes, ainsi que des chemises au col ouvert ou très échancré, éventuellement fermées par des cravates de forme triangulaire. Les modifiants complètent l'ensemble et sont réalisés dans les matériaux les plus divers, parmi lesquels le celluloïd que Balla utilise déjà pour ses cravates. Le peintre propose en outre, dans son manifeste de 1914, les premières esquisses d'un vêtement qui remportera un grand succès auprès des futuristes : une combinaison faite d'une seule pièce de tissu et très simple à enfiler. C'est une idée apparemment contradictoire qui polarise pourtant l'autre aspect de la mode futuriste : la prise en compte de l'esprit pratique, efficace et fonctionnel de la vie moderne.

Trois projets de complets et leurs trois dessins textiles, 1913-1914
Rome, coll. Biagiotti-Cigna (cat. n° 2)

19. *Cf.* Blaise Cendrars, *Le Lotissement du ciel* (1949) ; éd. Denoël, Paris, 1961. Cendrars affirme en effet avoir surpris Severini dans un bureau de poste pendant qu'il télégraphiait à Milan le détail des toilettes des Delaunay ! Le propos semble si fantaisiste et il est énoncé sur un tel ton qu'il confirme plutôt que c'est en imitant les futuristes italiens que les Delaunay ont pensé s'habiller à la manière « simultanée ». Cendrars est qualifié à ce sujet de « hâbleur » par Farid Chenoune, *Des Modes et des hommes, deux siècles d'élégance masculine* (Flammarion, Paris, 1993). Par ailleurs, c'est aussi en reprenant les idées des futuristes italiens qu'on réalisa le fameux livre *La Prose du Transsibérien* colorié par Sonia Delaunay. *Cf.* G. Lista, « Entre dynamis et physis ou les mots en liberté du futurisme », dans *Poésure et peintrie, d'un art l'autre* ; Éd. de la réunion des Musées nationaux, Paris, 1993.
20. On peut lire une traduction en français de ce texte dans G. Lista, *Marinetti et le futurisme, op. cit.*
21. Aucun doute n'est possible à ce sujet. Marinetti intervenait toujours avec ses propres idées dans la mise au point définitive des textes des manifestes des autres futuristes qu'il publiait depuis Milan. C'est pourquoi il a été, pour le meilleur et pour le pire, le véritable idéologue du futurisme italien. Il suffit de citer à ce propos le témoignage de Pratella : « Certaines affirmations de caractère polémique ou publicitaire, et d'autres encore de caractère théorique ou se référant à des relations entre la musique et la machine, qu'on peut lire dans mes /...

À Paris, le manifeste de Balla ne plaît guère à Cendrars qui n'hésitera pas plus tard à inventer un épisode rocambolesque dans l'intention de prouver que les Delaunay ne s'étaient pas inspirés du futurisme italien pour créer leurs premiers vêtements simultanés [19]. Cendrars avouait pourtant lui-même que lui et Delaunay avaient commencé, au printemps 1913, par danser le tango « en chaussettes de soie de couleurs désassorties », imitant ainsi Boccioni et Severini. Ce qui était dans la logique des choses car, au départ, le cubisme ne s'était posé aucun autre problème que celui de la peinture et du tableau. À Lisbonne, en revanche, où les jeunes artistes d'avant-garde se réclament ouvertement du futurisme, le poète José de Almada-Negreiros se rendra habillé d'une sorte de bleu de mécano à un meeting futuriste pour y déclamer des manifestes de Marinetti.

En juin 1914, au lendemain de la publication du manifeste en français, Balla prépare le lancement du manifeste en Italie. La parution du texte doit être accompagnée d'une manifestation de rue, à Rome, où les futuristes seront habillés de leurs nouveaux vêtements. Mais tout change avec l'assassinat de l'archiduc d'Autriche à Sarajevo, le 28 juin, lequel provoque l'embrasement de l'Europe. Le manifeste annoncé sur la mode féminine ne verra jamais le jour. Quant au manifeste déjà paru en français, il n'est publié en italien que six mois plus tard, daté du 11 septembre 1914 et intitulé *Le Vêtement antineutraliste,* c'est-à-dire le vêtement conçu pour militer contre le pacifisme [20]. En fait, l'édition italienne est un véritable faux par rapport au document original. C'est Marinetti qui a exploité de sa propre initiative le manifeste au nom du plus ardent bellicisme [21]. D'une tonalité bien plus agressive et préconisant l'« intervention », c'est-à-dire l'entrée en guerre de l'Italie, le texte italien en appelle à combattre la neutralité sous toutes ses formes. Marinetti a par ailleurs pris la précaution d'ajouter une note en bas du texte :

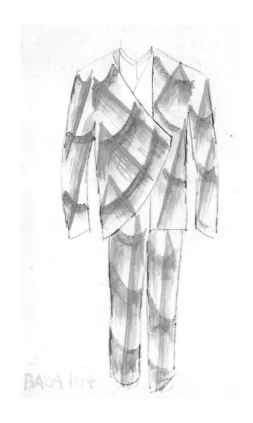

.../
manifestes, n'ont été ni écrites ni même pensées par moi. Elles sont d'ailleurs souvent en contradiction avec le reste du texte. C'est Marinetti qui les inventait et décidait de son propre arbitre de les ajouter au dernier moment. Par la suite, j'étais surpris de les lire sous ma signature, mais la chose était déjà faite et une réaction de protestation, dans une période aussi délicate et pleine d'équivoques, n'aurait servi à rien et n'aurait été profitable à personne. » (*Autobiografia*, Pan Editrice, Milan, 1971).

22. La connaissance la plus élémentaire des textes futuristes permet de reconnaître le style de Marinetti dans toutes les modifications lourdement apportées à la version italienne du texte. Dans son livre cité, Enrico Crispolti conteste pourtant ma reconstruction des faits. Il y a bien eu une différence entre le bellicisme de Marinetti, qui a exalté sa vie durant la guerre comme un absolu en elle-même, et la position toute relative de Balla face à la guerre de 1914-1918. Durant cette période, ses tableaux sur le thème métaphorique des arbres coupés, expriment assez nettement le sentiment de fatalité qu'il éprouvait au sujet de cette guerre contre l'ennemi héréditaire du Risorgimento. Par ailleurs, Balla n'a jamais souscrit aux slogans bellicistes de Marinetti. Sa signature ne paraît même pas en bas du manifeste *Synthèse futuriste de la guerre* lancé en 1915.

23. *Cf.* G. Lista, Balla, *op. cit.*, p. 58.

24. *Cf.* F. Cangiullo, *op. cit.*, Naples, 1930, p. 208.

« Manifeste approuvé avec enthousiasme par la Direction du Mouvement futuriste et par tous les groupes futuristes italiens. » Le style marinettien est parfaitement reconnaissable dans les variantes du texte italien, et il est évident que Balla ne peut avoir conçu ce nouveau manifeste [22]. En ce qui concerne le problème vestimentaire, les teintes neutres y sont qualifiées de « pédantes, professorales et teutoniques ». Le vêtement de deuil est à présent considéré comme une aberration dans la mesure où la mémoire des héros morts doit être honorée par des vêtements de couleur rouge. Les illustrations qui accompagnent les deux manifestes sont pratiquement semblables, mais l'esprit en est modifié. Les vêtements ont à présent les couleurs des drapeaux italien et français. On exclut en revanche l'union du jaune avec le noir car il s'agit des couleurs du drapeau allemand. Les modifiants deviennent des « modifiants guerriers et joyeux ». Un élément important fait son apparition dans le second manifeste : le chapeau. Il doit être « asymétrique et de couleur agressive et joyeuse », tandis que les chaussures seront dynamiques car « dissemblables l'une de l'autre par la forme et la couleur, aptes à donner allègrement des coups de pied à tous les neutralistes ».

Le manifeste suscite une réaction indignée de Prezzolini [23]. Celui-ci est pour l'entrée en guerre de l'Italie, mais il ne partage pourtant pas le bellicisme outrancier de Marinetti. Chez Balla également, l'adhésion à la guerre contre l'empire d'Autriche-Hongrie n'implique rien d'autre et surtout rien de plus que l'héritage à la fois idéal et fatal du Risorgimento. En décembre 1914, le groupe futuriste tient une manifestation de rue devant l'université de Rome. Cangiullo porte à cette occasion un vêtement futuriste tricolore, dessiné par Balla, avec un chapeau surmonté d'une étoile d'argent [24]. Il s'agit de la fameuse « étoile d'Italie » qui avait été célébrée par les luttes du Risorgimento et l'accomplissement de l'unité nationale

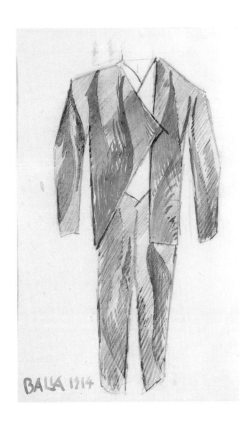

italienne. C'est un détail vestimentaire hautement symbolique, qui donne la juste mesure du patriotisme de Balla. Les années suivantes, Marinetti réimprimera plusieurs fois le manifeste, mais uniquement dans la version italienne – dont on connaît par ailleurs deux éditions différentes [25] – en trahissant ainsi profondément l'idée originale, ludique et festive, de Balla.

Ce manifeste de 1914 est la première concrétisation théorique de l'esthétique futuriste de l'éphémère. Il porte en outre au premier plan de la recherche futuriste le travail et la personnalité de Balla. Réfractaire à l'activisme politique de Marinetti et à son romantisme révolutionnaire, Balla préconise une propagation par le bas des formes nouvelles de l'art d'avant-garde. Il estime en effet que c'est par le renouvellement de l'objet quotidien qu'on pourra forger au niveau le plus collectif la sensibilité moderne. Cette orientation triomphe l'année suivante, lors du lancement du manifeste *Reconstruction futuriste de l'univers* par Balla et Depero qui proposent, entre autres, la création du « vêtement transformable » par le biais d'« applications mécaniques, surprises, trucs, disparitions de personnages [26] ». L'atelier de Balla, qui est alors le maître à penser de toute une nouvelle génération d'artistes d'avant-garde, fait de Rome le centre des « arts appliqués » et ainsi de la mode du futurisme. À partir de 1915, Balla lui-même réalise de nombreux accessoires vestimentaires : châles, ceintures, écharpes, bourses, chemises, chapeaux pour hommes et pour femmes, éventails, tissus et motifs pour robes de chambre, chaussures bicolores asymétriques. Il travaille en adoptant différentes techniques, de la broderie à l'assemblage de tissus, et en pratiquant plusieurs styles en même temps, des rythmes floraux aux compositions géométriques, des entrelacs linéaires aux interpénétrations dynamiques des couleurs en aplats. Il fait alors preuve d'une prodigieuse capacité d'invention chromatique et formelle. Mais il intervient également

25. Jamais plus réimprimé, le tract replié avec l'édition française du manifeste de Balla est aujourd'hui rarissime et il a été longtemps ignoré par les historiens du futurisme. J'ai pu le publier pour la première fois dans mon catalogue général de l'œuvre de l'artiste. *Cf.* G. Lista, *op. cit.*, p. 413.

26. *Cf.* l'anthologie *Futurisme, manifestes, proclamations, documents*; éd. L'Âge d'homme, Lausanne, 1973.

sur la forme constitutive de l'objet. Il crée par exemple des sacs de femme arrondis, rectangulaires, trapézoïdaux. Quant à la cravate, le journaliste Louis Corpechot, qui lui rend visite en 1916, raconte : « Il porte une cravate futuriste, un nœud vert et jaune qui a la forme de l'hélice d'un aéroplane[27]. »

L'exemple de Balla, lequel revendique le « décorativisme chromatique abstrait » comme premier terrain opérationnel de la recherche futuriste, entraîne les futuristes à ouvrir des Case d'Arte, véritables boutiques artisanales[28] grâce auxquelles ils cherchent à rendre populaires les instances formelles de leur art en créant vêtements, objets, affiches, installations d'intérieur. Cette tendance de l'après-guerre s'affirme d'abord à Rome avec Prampolini et Giannattasio, tous deux disciples de Balla, puis se propage un peu partout avec Depero à Rovereto, Rizzo et Corona à Palerme, Angelucci-Cominazzini à Foligno, Tato à Bologne, Dal Monte à Imola et Thayaht à Florence, où Corra a lancé dès 1916 un appel à rejeter « la grisaille du monde » par la création de vêtements, cravates, chaussures, chapeaux colorés et fantaisistes. Si Rome jouit du prestige et de la présence de Balla, Florence se prévaut d'une grande tradition culturelle dans le domaine de la mode, car c'est dans la ville de la Renaissance que l'on a inventé l'élégance en tant que concept et pratique vestimentaire.

À Florence, Thayaht[29] lance la « tuta », c'est-à-dire un vêtement pratique, nouveau, esthétique, bon marché et que l'on peut fabriquer soi-même. D'une grande simplicité, il s'enfile en un geste, se porte facilement, sans chemise, simplement ceinturé, avec des sandales. Élaboré à partir de 1918, sans doute en s'inspirant du principe fonctionnel énoncé par Balla dans son manifeste, la « tuta » de Thayaht est lancée deux ans plus tard par une campagne de presse et par la publication de trois tracts différents, le premier exposant les raisons qui en ont dicté la création, les deux

27. Lucien Corpechot,
Lettres sur la Jeune Italie;
Berger-Levrault, Nancy, 1919.
28. *Cf.* Giovanni Lista,
Le Futurisme; éd. Hazan, Paris, 1985.
29. Thayaht, qui avait assumé
ce palindrome comme pseudonyme
futuriste, s'appelait en réalité Ernesto
Michahelles. *Cf.* G. Lista, *Photographie
futuriste italienne*, musée d'Art moderne
de la ville, octobre 1981-janvier 1982,
Paris. Son frère, qui s'appelait Ruggero,
choisira le pseudonyme de Ram.

La revue *Portugal futurista* annonce une conférence de José Almada-Negreiros avec déclamation des manifestes futuristes de Marinetti et Valentine de Saint-Point, mai 1917.
Paris, archives Lista

Tato et Caviglioni dans leur Casa d'Arte à Bologne, 1926-1928, photographie anonyme
Paris, archives Lista

autres avec un plan de coupe détaillé des modèles masculin et féminin. À cette occasion, Thayaht et un groupe d'artistes de ses amis se promènent ainsi vêtus dans les rues de Florence. Contrairement aux modèles fort semblables de Rodtchenko et de Garcia Lorca, la « tuta » de Thayaht n'est conçue ni comme vêtement de travail, ni comme vêtement idéologiquement connoté en fonction d'une classe sociale. La « tuta » futuriste peut être portée en n'importe quelle circonstance et être agrémentée d'une veste assortie, d'un chapeau, d'une ceinture sophistiquée. Ce sont l'élégance du dépouillement fonctionnel et le raffinement de la simplicité qui l'emportent. À Rome, à la même date, paraît en revanche le *Manifeste de la Mode féminine futuriste* par Volt, qui fréquente alors l'atelier de Balla. La démarche apparemment opposée, celle d'un irréductible esthétisme vitaliste, y est prescrite de manière péremptoire : « La mode féminine ne sera jamais assez extravagante. Ici aussi, nous commencerons par "abolir la symétrie". Nous ferons des décolletés en zig-zag, des manches dissemblables, des chaussures de forme et hauteur différentes. » Volt recommande également l'emploi du « plurimatérisme », c'est-à-dire le recours à « cent nouvelles matières révolutionnaires » qui doivent permettre à chaque femme d'être « la synthèse ambulante de l'univers [30] ».

Les proclamations de principe et les propositions théoriques se poursuivent : Marinetti lance le manifeste *Contre le luxe féminin* tandis que Carmelich publie un manifeste sur « la mode féminine mécanique ». Les créations de ces années sont surtout inhérentes aux manifestations qui exigent un comportement de provocation ou d'auto-promotion de la part des futuristes. À Rome par exemple, en 1921, lors du vernissage d'une exposition, les futuristes arborent des cravates fantaisistes et très colorées en leur conférant ainsi un rôle semblable aux signes distinctifs d'une équipe sportive. À Palerme, Rizzo porte avec ostentation une cravate

30. Publié dans *Roma futurista*, IIIᵉ année, n° 72, 29 février 1920, Rome. En fait, ce manifeste reprenait en grande partie les idées de Balla.

triangulaire, géométrique et dynamique, pour marquer son adhésion au futurisme. À la fin de 1923, pour une tournée de ballets futuristes dans les théâtres italiens, Depero réalise plusieurs gilets dans une mosaïque de tissus assemblés. Prampolini dessine en 1924 des broches monogrammées « F », pour « futuriste », à l'occasion du premier Congrès national du mouvement futuriste qui se tient à Milan. D'autres gilets bariolés sont l'œuvre de Balla alors qu'à Paris des gilets à la manière futuriste apparaissent dans une séquence du film *L'Inhumaine* de Marcel L'Herbier[31]. C'est également à cette époque que Balla réalise deux vêtements futuristes, l'un pour sa fille Luce, l'autre pour lui-même, sur une gamme de jaune, de noir, de blanc et de deux tonalités de vert ou, pour un second exemplaire moins connu du vêtement masculin, de rouge orangé et de jaune[32] (ill. II et 41). Les larges motifs des interpénétrations de couleurs en aplats y ont une dimension symbolique. Balla entend illustrer les qualités éthiques les plus traditionnelles que la culture humaniste ait attribué à l'homme et à la femme : des pointes acérées qui s'entrecroisent pour le courage viril et un entrelacs de formes courbes évoquant un cœur pour l'affectivité féminine. Pourtant la violence des couleurs et la dimension macroscopique des motifs s'imposent avec une telle présence qu'elle semble détruire la forme même du vêtement et nier celui qui le porte. Ainsi, il n'y a pas de véritable contradiction entre les deux orientations de base de la mode futuriste : la fonctionnalité et l'imagination, c'est-à-dire d'une part, la simplicité, avec ses corollaires d'hygiène et d'efficacité et d'autre part, une libre tension créatrice capable de réinventer avec fantaisie le vêtement en fonction de la couleur, de la coupe et du dessin. En fait, ce deuxième choix relève, au moins autant que le premier, d'une forme de dépersonnalisation car le vêtement futuriste ne prend guère en considération l'expression individuelle de la structure anthropomorphe. Il

31. Pour les recherches des futuristes dans le domaine du costume théâtral, *cf.* G. Lista, *La Scène futuriste*; Éd. du CNRS, Paris, 1989.
32. Inconnu jusqu'ici, ce costume rouge orangé et jaune est entré dans l'actuelle collection milanaise en 1986, par acquisition auprès de la famille Balla.

pense en effet la ville beaucoup plus que le corps. Autrement dit, la mode futuriste
ne vise pas à remodeler les hanches, souligner la taille, valoriser les épaules ou la
silhouette. Au contraire, c'est à une véritable dépersonnalisation que se livrent les
futuristes, faisant de chaque individu une sorte d'œuvre d'art mobile pour une fête
collective des couleurs et des formes. Contre la dimension aristocratique, indivi-
dualiste ou bourgeoise de la mode traditionnelle, conçue comme parade sociale et
comme affirmation de classe, le futurisme préconise une totale adhésion aux
valeurs collectives qui prennent forme avec la modernité urbaine du début du
siècle. Il s'intéresse ainsi à l'espace du quotidien et à la rue, considérée comme le
lieu privilégié de la vie sociale moderne.

Toute la première période de la mode futuriste apparaît marquée par la démarche
individuelle des artistes, parfois relayée par la dynamique de groupe du mouvement futuriste. Même à travers le principe des Case d'Arte, ouvertes au nom de la
modernité, les futuristes ne font que refléter la grande tradition de l'artisanat fami-
lial qui est une réalité historique et sociologique propre à l'Italie. Le phénomène
d'industrialisation de la mode tarde en effet à se mettre en place dans la péninsule.
C'est uniquement avec l'« Esposizione Internazionale d'Arti Decorative », présentée
à Monza, en 1923, mais surtout après l'exposition similaire organisée à Paris, en 1925,
qu'une véritable restructuration économique des industries de la mode crée une
situation nouvelle. Les futuristes réalisent alors de nouveaux projets qui visent plus
directement la production industrielle. Les initiatives les plus nombreuses viennent
de Thayaht qui possède déjà une certaine expérience pour avoir travaillé à Paris
dans la maison Vionnet. Il réalise de nombreux chapeaux et dessine de nouveaux
tissus. Il crée en 1926 un complet au style extrêmement dépouillé dont l'originalité
est dans la pince du pantalon qui se situe sur les hanches. En cherchant à s'intégrer

dans les nouvelles orientations industrielles de la mode, Thayaht publie deux ans plus tard un tract pour lancer ses modèles les plus récents de chapeaux de paille. Il entreprend également la publication d'une série de textes théoriques, d'abord le programme *Esthétique de l'Habillement. Mode solaire. Mode futuriste*[33], puis l'article polémique *S'habiller à l'italienne*[34], enfin le *Premier Manifeste futuriste pour la Mode italienne*, dont le tract est daté du 18 février 1932, où il propose la création de vêtements à la coupe révolutionnaire : « Jusqu'à maintenant la coupe a été de tendance cylindrique, un coloris sale et poussiéreux a dominé créant un effet monotone et déprimant. Aujourd'hui, en revanche, nous nous orientons vers la coupe à tendance cônique, les coloris deviendront limpides, aériens, vivants, créant un effet joyeux et plein de variété. Une fois cette transformation effectuée, on ne dira plus d'une rue, par exemple, qu'elle est noire de monde, mais qu'elle est irisée d'humanité. » Quelques mois plus tard, avec la collaboration de son frère Ram, il lance un *Manifeste pour la Transformation de l'Habillement masculin*. Dans ce nouveau tract, daté du 20 septembre 1932, il propose des modèles révolutionnaires de chapeaux, vestes et chaussures, ainsi que l'introduction de nouvelles pratiques vestimentaires grâce à des fémoraux, des couvre-torax, des casques avec émetteur-récepteur radio.

D'autres futuristes tentent de répondre, par leurs créations, au processus d'industrialisation de la mode en cours à cette époque. En 1933, Renato Di Bosso et Ignazio Scurto signent le *Manifeste futuriste de la Cravate italienne* pour le lancement d'un nouvel article vestimentaire, la cravate en métal, dont ils publient les premiers exemplaires déjà réalisés par la maison Cavalleri de Vérone. Contre la traditionnelle cravate en tissu aux couleurs sombres et funèbres, véritable « note de pessimisme et de mélancolie », ils proposent des cravates forgées en métal léger (laiton, cuivre, fer-blanc, aluminium). Il s'agit d'« anti-cravates » courtes, plates ou ondulées, aux

33. Publié dans *Oggi e Domani*,
23 juin 1930, Rome.
34. Publié dans *Oggi e Domani*,
3 août 1931, Rome.

surfaces polies, opaques ou parcourues de « motifs décoratifs anti-traditionnels »
d'inspiration géométrique. Le futuriste Ugo Rancati, qui adhère aussitôt à l'initiative, exhorte à son tour les Italiens à s'habiller ainsi d'une « aile d'avion au soleil[35] ».
L'abolition du nœud, considéré comme un souvenir de la mort par pendaison,
ainsi que la rigidité, la légèreté et la mobilité du métal, visent en effet la formulation d'un nouvel imaginaire de la cravate. N'apparaissant plus déterminée par
l'inertie gravitationnelle, l'anticravate futuriste doit traduire la nouvelle sensibilité
du vol aérien. L'utilisation des nouveaux alliages de métaux légers est également
préconisée par Victor Aldo De Sanctis qui réalise une « chemise métallique » avant
de dessiner des vêtements, chapeaux et cravates pour homme. Une variante de
l'anticravate métallique est adoptée par Mino Delle Site lequel prévoit des cravates
en tissu avec applications de plaques en métal. Il conçoit par ailleurs lui aussi des
chapeaux, des éventails, et un nouveau modèle de la « tuta » pouvant assurer un
conditionnement thermique du corps. Toute forme de cravate est en revanche
refusée par Crali qui crée une veste simplifiée, très courte, au puissant effet dynamique. Il dessine ensuite une série de vêtements féminins. Avec un goût cubo-
futuriste, voire « constructiviste » dans un sens purement formel, il y souligne par
décomposition et montage asymétrique les différentes parties du corps féminin.
Mais l'épisode le plus significatif de la mode futuriste de cette période est sans
doute le lancement, en mars 1933, du *Manifeste futuriste du Chapeau italien*, signé par
Marinetti, Monarchi, Prampolini, Somenzi[36]. Cette nouvelle initiative donne lieu
à un concours national suivi d'une polémique dans la presse qui provoque l'intervention des industriels, dont Borsalino, en soutien des futuristes. Enfin une exposition est organisée deux mois plus tard à la Galleria Pesaro à Milan. Les modèles
présentés[37] comportent plusieurs inventions ludiques, festives, fonctionnelles :

35. Ugo Rancati, « La Cravatta
metallica », dans *La Santa Macchina*,
25 décembre 1933, Piacenza.
36. Publié dans *Futurismo*,
5 mars 1933, Rome.
37. Voir à ce sujet, l'article publié dans
L'Ora, 21 juin 1933, Palerme.

le chapeau aéro-sportif, simultané, lumineux, plastique, bruitiste, à double-face, nocturne, poétique, thérapeutique, pluvieux, rapide, musical, etc. Le retentissement de l'exposition est tel qu'un journal moscovite en publie des caricatures. Par ailleurs, les futuristes continuent encore à cette époque à promouvoir de multiples idées sur la mode qui débordent le cadre de la création vestimentaire. Marinetti lance par exemple, en 1926, un manifeste « contre la mode féminine des cheveux courts » en s'attirant une réponse ironique de l'écrivain Toddi, proche du futurisme, que publie à son tour un autre manifeste en faveur de cette nouvelle mode de la femme moderne. Thayaht et Quirino De Giorgio dessinent bijoux, colliers, flacons de parfum. Fernando Cervelli publie en 1933 un manifeste exigeant, contre les longues barbes professorales et académiques, la barbe à la coupe triangulaire, pointue et dynamique. Adele Gloria s'intéresse à tous les aspects de la mode féminine, de la coupe des cheveux aux accessoires vestimentaires. En collaborant à plusieurs revues, dont l'hebdomadaire *La Donna moderna*, elle publie des articles et des dessins - parfois signés du pseudonyme de Delia - qui traitent ainsi de la mode en tant que reflet des nouvelles formes de la féminité moderne [38]. Marinetti se rend à l'ouverture de la grande manifestation du Théâtre de la Mode, organisée en 1937 par la Mostra del Tessile, à Milan, pour « la naissance de l'indigo ». Il publie alors *Le Poème de la Mode italienne*. En condamnant « le délicieux cérébralisme de la mode française malade de bon goût, mesure et harmonie », il demande aux femmes de se peindre lèvres et ongles aux couleurs du drapeau italien et préconise « une mode italienne tout à fait novatrice avec des tissus et des motifs entièrement réinventés [39] ». En 1941, le lancement de la revue *Bellezza* et une prise de position de l'écrivain Massimo Bontempelli contre la cravate [40] provoquent de nouvelles interventions futuristes, dont le manifeste *Le Vêtement de la Victoire* de Depero. Celui-ci

38. *Cf.* G. Lista, *Les Futuristes*; éd. Henri Veyrier, Paris, 1988. Sur les recherches d'Adele Gloria, voir également G. Lista, *I Futuristi e la fotografia*, Galleria Civica, décembre 1985-janvier 1986, Modène.
39. Filippo Tommaso Marinetti, « Il Poema della Moda italiana », dans *Il Giornale d'Italia*, 23 décembre 1937, Milan.
40. *Cf.* Cesare Cattaneo, « Moda, Bellezza e il vestito funzionale », dans *Origini*, n° 8-10, mai-juillet 1941, Rome.

pose à nouveau la double exigence futuriste d'un vêtement obéissant à la plus grande liberté d'invention ou correspondant au style « rationnel et scientifique » de la civilisation moderne, c'est-à-dire dépersonnalisé par la fantaisie ludique ou par la sobriété fonctionnelle.

Les futuristes ont exalté l'anonymat de la grande ville tout en réagissant aux phénomènes de massification par l'éphémérisation de l'art. Il s'agissait pour eux de porter l'art dans la rue afin qu'il puisse activer une constante disponibilité à l'échange dans le sens d'une intensification des possibilités de communication sociale. Le rejet futuriste de l'individualisme bourgeois n'impliquait aucune rigidité idéologique puisqu'il s'identifiait à la dimension collective de la civilisation urbaine et aux nouvelles formes sociales de la modernité. Dans son article « La Mode », publié en 1895 dans l'hebdomadaire viennois *Die Zeit*, le philosophe et sociologue Georg Simmel avait affirmé que le phénomène moderne de la mode répondait à des exigences à la fois de cohésion sociale et de singularisation individuelle. Il avait ainsi estimé que « les modes sont toujours des modes de classe » correspondant uniquement à des « nécessités sociales ou psychologico-formelles » qui s'affirment dans une « totale insouciance à l'égard des normes objectives de la vie ». C'est précisément ce problème de l'artificialité de la mode que les futuristes ont tenté de résoudre à l'époque de la communication de masse et de l'urbanisation triomphante du début du siècle. Et ils l'ont fait agissant sur un double versant : le refus de toute connotation de classe d'une part, et la prise en compte du monde moderne de l'autre. En d'autres termes, ils ont pensé une mode qui embraserait les rues de la cité moderne et serait le reflet de sa joyeuse utopie de l'avenir.

42

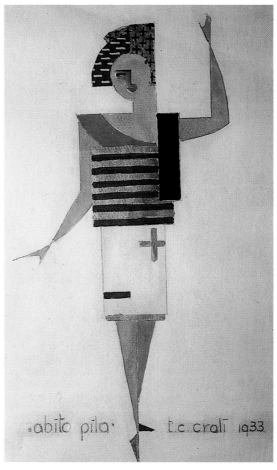

Ernesto Thayaht (1893-1959) : nouvelles perspectives

Viviana Benhamou

Descendant du sculpteur américain Hyram Powers (1805-1875), Ernesto Michahelles vit avec ses deux frères et sa sœur puînés dans la villa de Poggio Imperiale à Florence [1].

Titulaire d'une licence en physique et mathématiques, il suit les cours de plusieurs peintres et d'un architecte. Il adopte alors le pseudonyme de Thayaht.

Après une période d'inactivité, Thayaht expose en 1918 puis se rend [2] à Paris pour suivre un stage à l'académie Ranson.

Thayaht se fait connaître en 1919 en créant la « tuta », une combinaison fonctionnelle, pratique, nouvelle, synthétique destinée à une grande diffusion. Le 17 juin 1920, le journal *La Nazione* publie un prospectus explicatif pour la fabriquer « par soi-même ». Elle est boutonnée devant, ceinturée et dotée de quatre poches appliquées, sans aucun accessoire décoratif.

La combinaison féminine est d'une conception moins radicale. La jupe remplace le pantalon. Dans l'avant-propos « Avvertimenti alle tutiste » du prospectus féminin publié dans *la Nazione* (2/7/1920), Thayaht explique les avantages de la « tuta » : « Le costume masculin est rigide et amidonné, et les couleurs sombres des tissus sont choisies pour cacher la poussière et les taches. » La « tuta », au contraire, a une ligne souple, des couleurs variées et pures qui font de ce nouveau vêtement « un habit moderne qui rompt définitivement avec les stupides conventions du passé ». La « tuta » féminine abolit des « tissus inutilement chers » et se porte avec des chaussures sans talons.

Plus de mille patrons sont vendus en quelques jours, à 50 centimes pièce. Le succès est tel qu'une spéculation fait monter le prix de la toile ! *La Nazione* menace alors de publier la liste des marchands de tissus qui augmentent les prix. Le journal organise aussi des séances de cinéma promouvant la « tuta ». Des caricaturistes dessinent même des « tuta » pour chiens [3] !

Dans une interview à *La Nazione*, Thayaht explique la genèse de la « tuta » : « On était en juin et il faisait déjà chaud à Florence, les tissus coûtaient cher et le mouvement de la foule était gris à cause de l'impossibilité absolue de changer les vieux vêtements pour quelque chose de neuf et de frais. Je pensais combien la couleur pouvait rendre joyeux et agir sur l'optimisme de l'homme et de la femme qui la portent et davantage sur ceux qui la regardent. Il fallait quelque chose qui

1. Sa mère Mary Ibbotson est la fille d'un industriel des chemins de fer de Sheffield, son père est le fils d'un armateur suisse, d'origine allemande.
2. Il suit les cours des peintres Marfori-Savini, Giulio Rolshoven et de l'architecte Caldini.
3. Certaines sont reproduites dans *La Nazione*, 11/11/1958. L'article sur Thayaht est de R. Bertoli ; voir aussi *il Giornale*, 21/08/1993.

modifie l'habitude des couleurs éteintes, des couleurs mélangées de marron, des gris et des noirs... »

Un poème *Tutti con la Tuta* dénonçant les nouveaux riches, « I pescicani », et assurant la promotion d'un vêtement de style moderne, simple, circule dans Florence :
« Per toglier l'ingordigia ai pescicani / che ci hanno il vizio ormai di speculare / li metteremo a terra come cani (...) / Che grande nuovità / che ognuno fa incantar ! / La chiamano la Tuta / e universale presto sarà[4]. »

La « tuta » de Thayaht se veut un vêtement dépourvu de toute idéologie pouvant être porté en toute occasion. Même les cercles aristocratiques florentins l'adoptent.

L'origine du terme « tuta » soulève plusieurs hypothèses.

Le néologisme viendrait de « tutta ». Le « T » évoquant la forme du vêtement. Cette combinaison qui habille « tuta la persona » (entièrement la personne) est fabriquée « tuta d'un pezzo » (d'une seule pièce). Le métrage nécessaire est de 4 mètres 50 pour un tissu d'une largeur de 0, 70 m.

En 1921, Thayaht dessine une « bituta » composée d'une veste et d'un pantalon. La veste coupée droit sans boutons et sans col, avec quatre poches appliquées, s'enfile par en haut. Le pantalon est retenu par la ceinture de la veste. Certaines photographies montrent la veste avec un col et boutonnée devant, d'autres avec des manches à revers. La ceinture reste fine. Thayaht la présente dans *La Nazione Della Sera* (7 juillet 1921) comme un perfectionnement de la « tuta ». En insistant sur ses aspects encore plus pratiques et plus élégants, il explique comment retailler la « tuta » pour en faire une « bituta ».

En 1920, Thayaht part aux États-Unis pour suivre des études scientifiques à Harvard. De retour en Europe, il signe un contrat d'exclusivité avec Madeleine Vionnet en 1921. Les planches publiées dans la *Gazette du bon ton* sont remarquées par

4. Tip. Bernardi, Canto de' Nelli 20, Florence, coll. part. Traduction : « Pour ôter la goinfrerie aux requins / qui ont désormais le vice de spéculer / nous les mettrons à terre comme des chiens. (...) / Quelle grande nouveauté / qui rend quiconque charmant / nous l'appellerons la "Tuta "/ qui universelle sera bientôt. »

F. A. Parsons, qui invite l'artiste à donner des cours d'arts décoratifs dans la section
parisienne de son école. Thayaht collabore quatre ans avec Madeleine Vionnet. Il
crée le logotype de la maison. Sur chaque robe est cousue une griffe avec un
numéro d'ordre, l'empreinte digitale de Madeleine Vionnet et ce logotype qui
représente, dans un cercle, une femme en péplum levant les bras debout sur une
colonne à chapiteau ionique.

En 1923, Thayaht participe à la première Exposition internationale d'arts décoratifs
à Monza et en 1924 il participe à la constitution de la première corporation des
beaux-arts à Florence. Thayaht est présent à toutes les expositions de la corporation. En 1927, une des trois salles d'exposition du groupe toscan de la IIIe Exposition
internationale des arts décoratifs de Monza lui est spécifiquement réservée. Il y
présente des meubles, des tissus, des lampes, des objets en bois doré, et d'autres
objets en alliage d'argent.

Dans le même temps, il continue de s'intéresser à différents aspects de la mode
et participe à une action promotionnelle en 1928, lorsque le Groupement national
fasciste de la paille entreprend une campagne nationale en faveur du chapeau. Il
s'agit de promouvoir un nouveau style propre à l'Italie et d'« émanciper les Italiens
de la domination de la mode française[5] ». Thayaht conçoit un assortiment de
chapeaux pour toutes les occasions et toutes les classes de la société, qui exposé
en avril 1928 lors de la manifestation industrielle de Florence, remporte un grand
succès.

En mai 1929, il rencontre pour la première fois F. T. Marinetti par l'entremise du
peintre Primo Conti. Le 3 juin 1929, Marinetti le présente à Mussolini à qui Thayaht,
en hommage, offre la sculpture à son effigie, *Dux*.

Thayaht exprime dans divers brochures et manifestes sa perception du renouveau

de la mode. En 1929, il publie dans le journal *L'Industria Della Moda* une série de vêtements simples, pratiques et confortables pour le jour, le soir ou le sport (numéros de janvier à octobre).

Le 17 février 1929, il écrit au responsable de cette revue qui est aussi secrétaire général de la Fédération nationale fasciste de l'industrie du vêtement en insistant sur la spécificité de sa collaboration : « Je souligne que j'offre à la vente essentiellement des "idées nouvelles", des idées longuement élaborées, synthétisées dans un dessin très simple [6]. » Parmi ces idées nouvelles, figure un gilet en piqué blanc « sans dos ». L'entretien des vêtements en particulier préoccupe Thayaht : « Ces caleçons courts en toile de coton rayée, ou mieux en toile de lin brute, sont très commodes pour l'été, ils laissent une totale liberté de mouvement et ne se déforment pas même après de multiples lavages... » Il dessine un patron de pantalon court et bouffant pour le sport (« Femorali ») qu'on peut confectionner soi-même [7].

Thayaht vise à concilier esthétique et production en série quand il dessine dix modèles de maillots de bains pour hommes. Ces maillots à motifs géométriques blancs sur fond noir font « ressortir sur la peau bronzée le contraste du blanc et du noir qui est toujours de bon goût (...). Les dessins sont facilement réalisables en tricot et le lancement de cette nouveauté simple et pratique pourrait être facilité en produisant ces maillots dans les trois tailles les plus commerciales [8] ».

La brochure *Moda solare* est publiée en mai 1929 [9]. En 1930, une note dactylographiée intitulée « Moda solare, Moda futurista » la complète. Thayaht y définit la mode estivale : « La mode d'été est une mode solaire », qui peut se décliner en « mode futuriste d'habillement gai coloré, simple et pratique ». L'on ne peut s'empêcher de penser au *Manifeste du Vêtement masculin Futuriste* publié par Balla en 1914 qui voulait

6. Coll. part., Florence.
7. *L'Industria Della Moda*, janvier 1929, p. 16, avril-mai 1929, p. 23.
8. *Id.*, juin 1929, p. 59.
9. *Id.*, juin 1929, p. 55.

conférer au vêtement des qualités de dynamisme, de souplesse, de simplicité, pour « éclairer la gaieté des villes ».

Dans son article, Thayaht accuse l'industrie italienne de l'habillement de se plier aux directives de mode créées « sous les cieux gris et tristes des métropoles nordiques », Londres et Paris. « Nous, Italiens de l'époque fasciste, devons avoir le courage de créer une nouvelle façon de s'habiller intimement reliée à notre paysage (...). Il y a des maisons parisiennes de renommée mondiale qui créent des modèles particuliers pour les clientes de Florence, de Naples, de Rome et de Milan. » Il ajoute que l'étranger sait adapter des éléments du futurisme italien et que le temps est venu de reconnaître le futurisme en Italie, ce qui se traduirait par « de très nombreuses formes décoratives rectilignes, des projections ornementales de la vitesse, cet assemblage de couleurs limpides, qui sont des dérivations du Futurisme italien né à Milan en 1909 ».

Pour lui, la mode ne peut être dissociée du corps et de la santé. Aussi dans un texte inédit [10], dénonce-t-il l'absence de reflexion sur la qualité des aliments nécessaire à l'énergie du corps, moteur dont il faut garantir l'efficacité, la longévité et l'apparence. La nutrition est un « problème futuriste par excellence ». La diète doit permettre aux Italiens nouveaux « d'être plus agiles, plus dynamiques, plus jeunes, plus beaux. Même l'esthétique des Italiens nouveaux doit être améliorée ».

Dans une note dactylographiée en anglais en janvier 1930 [11], Thayaht distingue le corps nu, symbolisé par Adam, du corps habillé. Il pose « les fondements pour un vêtement idéal, facile à réaliser et à nettoyer ». Ce vêtement doit « suivre le galbe du corps, et supporter la saleté ». Et il cite ses professeurs de Harvard : Jay Hambridge, Claude Bragdon et Denman Ross, « pour leurs contributions aux solutions des formes et des couleurs ». L'étude et la conception de vêtements

10. Coll. part., Florence.
11. « Rational Clothing »,
6 janvier 1930, coll. part., Florence.

49

Thayaht. Gravures sur bois, 1920-1927
Florence, coll. part. (cat. n° 62)

Thayaht. Bois gravés pour impression, vers 1920-1927
Coll. Seeber-Michahelles, (cat. n° 61)

relèvent autant des lois de proportions mathématiques que des lois d'équilibre des couleurs.

Probablement à cause de sa formation et de son intérêt pour la mécanique et l'astronomie, Thayaht exerce parallèlement une activité de peintre et de sculpteur. À la XVIIᵉ Biennale de Venise en 1930, il présente des sculptures et expose également des pièces d'orfèvrerie, comme des chandeliers en acier chromé d'une très grande sobriété ou des colliers, réalisés par les artisans R. Busi et B. Massetari. Certaines de ses créations réalisées dans un alliage de son invention, la « taiattite », sont également présentées, comme la médaille du Duce primée à cette occasion. D'après Aldo Marinelli, fils du fondeur Fernando Marinelli, la « taiattite » de Ernesto Thayaht est un alliage d'aluminium (91%), silicium (5%), étain (2%) et nickel (2%)[12]. Mais devant les problèmes rencontrés avec des sculptures fines, Marinelli modifie en cachette la composition chimique, augmentant à 6% ou 7% le silicium et diminuant à 0,6% celui d'étain, métal qui avait tendance à se séparer de l'alliage. Les bijoux en « taiattite » sont recouverts de lamelles d'argent.

Dans les années trente, Thayaht réalise des costumes de théâtre, et participe à plusieurs expositions futuristes : « Trente-trois peintres futuristes », à Milan en 1930, l'« Exposition futuriste » à la Galleria d'Arte, à Florence en 1931, « Les Aéropeintres futuristes » à la Galerie de la Renaissance, à Paris en 1932 et la Quadriennale de Rome, en 1931[13].

En mai 1932, F. T. Marinetti et A. Maraini publient une courte biographie de Thayaht[14]. Selon eux, c'est dans les années 1924-1925 que Thayaht adhère pleinement aux thèses fascistes. Pourtant, les fascistes lui reprochent d'être américanophile et démocrate. En adhérant au fascisme, Thayaht espère trouver un soutien à l'art d'avant-garde. Mais les désillusions seront nombreuses.

12. Entretien avec N. Michahelles, Florence, 14 août 1996.
13. Voir le cat. *Mostra futurista*, organisée par Marasco et Thayaht, Florence, 28 février 1931.
14. *Ernesto Thayaht, scultore pittore orafo*.

51

Avec son frère Ruggiero, alias Ram le peintre futuriste, il publie en juillet 1932 le *Manifeste pour la Transformation de l'Habillement masculin*, et en septembre une version un peu moins agressive sous le titre *Manifeste de l'Habillement* signé « I Futuristi » (« les Futuristes »). Dans la nouvelle publication de 1934, la « veste synthétique futuriste » est devenue la « veste synthétique italienne ».

Les normes de construction des vêtements doivent tenir compte des exigences pratiques, bannissant les ornements qui gênent la liberté de mouvement. Les habits anglo-saxons nordiques et puritains sont dénoncés comme antiméditerranéens et doivent disparaître.

Le manifeste « réclame pour l'homme cette liberté dans l'habillement déjà atteinte depuis longtemps par la femme ». Thayaht veut « avant tout déraciner le concept passéiste selon lequel l'homme, pour être bien vêtu, doit avoir sur lui » tout un ensemble de vêtements conventionnels lourds à porter. Il faut « encourager le goût jeune, optimiste et sportif pour une garde-robe synthétique aérienne et fraîche, portable non seulement à la campagne ou à la mer, mais également en ville ». S'impose alors la nécessité du « vêtement synthétique » de « coupe à tendance conique », dont « les coloris créent un effet joyeux et plein de variété ». Le vêtement synthétique doit être à la fois « économique et hygiénique » mais aussi « pratique et esthétique », afin que « l'usage corresponde mieux aux exigences de la vie d'aujourd'hui ».

Thayaht invente un vocabulaire approprié à ses nouveaux vêtements, afin de bien marquer la prééminence qu'il accorde à la fonctionnalité : le « Toraco », maillot sans manche, le « Corsante », avec demi-manche, les « Femorali », l'« Asole », chapeau d'été avec protection orientable contre la lumière, la « Spiova », chapeau d'hiver avec parapluie extensible, et le « Radiotelfo », casque de voyage avec un système de téléphone / émetteur-radio portable.

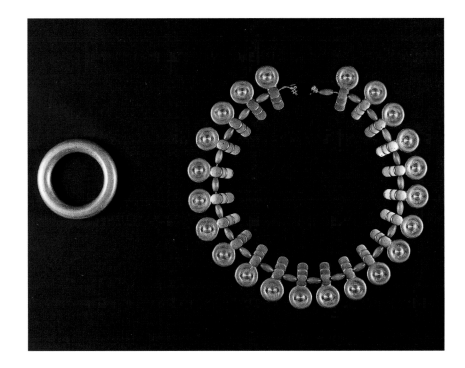

Thayaht expose ses conceptions vestimentaires dans un autre document, « Libération de la mode »[15], neuf pages dactylographiées raturées et datées de la neuvième année du fascisme italien (1930). Il commence par mentionner l'influence solaire sur la mode terrestre, continue par une diatribe nationaliste et termine par une glorification du fascisme : « Au printemps, chacun veut en quelque sorte un costume de parade, qui corresponde à un renouveau des sentiments, pour se défaire de l'odeur de naphtaline et se tourner vers les beaux jours. (…) La femme aristocratique de Rome ou Florence qui achète un chapeau de feutre de Paris, ou l'homme un habit raffiné de Vienne nuisent aux intérêts italiens. Les femmes et les hommes élégants d'Italie doivent faire leur examen de conscience, et dire ouvertement ce que signifie à leurs yeux une mode italienne.

« De la toge romaine à la camisole médiévale, de la chemise rouge de Garibaldi à la chemise noire de Mussolini, il existe en Italie une tradition de l'encolure ouverte pour "un esprit sain dans un corps sain". (…) Il s'agit de faire une révolution vestimentaire, imprégnée de romanité (…). Alors, avec le Duce, tout peut réellement se rénover, se transformer merveilleusement : s'italianiser. Pour quelle raison ? Parce que la chemise noire est le symbole de notre révolution, elle indique clairement la voie de la libération, dans le domaine vestimentaire. »

Thayaht renonce à ses activités artistiques en 1940 et se retire alors dans sa villa de Fiumetto, à Versilia-Pietrasanta où il se consacre à l'étude de l'espace interplanétaire et des soucoupes volantes. Il meurt à Fiumetto, en 1959.

15. Coll. part., Florence.

russie

Ce « galimatias non-objectif du futurisme… [1] » : un épisode méconnu des origines du suprématisme

Andrei B. Nakov

« À part le but théorique (poursuivi)… il faut remarquer l'extraordinaire intensité coloriste… on se sent dans un rêve… dans un jardin exotique, rempli de fleurs curieuses et éclatantes. »
M. Ljahovskaja, compte-rendu de la (première) exposition d'art décoratif contemporain, Moscou, 1915 [2].

L'histoire des arts décoratifs russes issus de la première abstraction a été peu étudiée à ce jour, de même que les rapports entre « création pure » et « art décoratif » ; car le premier art abstrait en Russie reste obscur du fait de la méconnaissance des sources expressionnistes et symbolistes. La chronologie des événements avant-gardistes en Russie, notamment de 1910 à 1915, abonde en manifestations alors regroupées sous la bannière futuriste. Liées au théâtre et à l'environnement, ces manifestations propulsent dans la vie quotidienne des rayonnistes aux visages peints (1913), tandis que dans l'art théâtral et/ou décoratif, une multitude de tendances voit le jour qui combine l'impétuosité dynamique des formes futuristes et la force polychrome du folklore (Gontcharova, Lentulov, Burljuk ou Kamenski). L'esthétique « simultanéiste » de Sonia Delaunay et son action dans le domaine des arts décoratifs sont portées à la connaissance du public russe dès la fin de l'année 1913 [3]. L'analyse qui va suivre porte sur un épisode encore méconnu de cette épopée : la participation de Kasimir Malévitch à la (première) exposition d'art décoratif contemporain, à Moscou, en novembre 1915, précédant de quelques semaines l'exposition « 0,10 » (9/12/1915 à Pétrograd), considérée aujourd'hui comme la présentation princeps du suprématisme [4].

Aujourd'hui nous savons que l'idée de l'exposition « 0,10 », le choix des artistes et son titre reviennent à Malévitch [5]. Cette exposition capitale a été longuement préparée. En raison des tensions conjoncturelles, liées à la fois aux ambitions de Tatline et aux exigences doctrinaires de Malévitch — parfaitement conscient de l'importance philosophique de sa nouvelle création —, l'ouverture de l'exposition est précédée d'âpres et laborieuses discussions. L'entreprise aboutit *in extremis*. Pourtant, six semaines avant l'ouverture de « 0,10 », une autre exposition a lieu à Moscou : là, présentées sous le terme de « projets [6] » pour simples objets décoratifs (deux écharpes et un coussin), figurent déjà trois œuvres non-objectives de Malévitch, l'artiste ayant résumé à ces trois « projets » sa participation à une exposition qui compte 280 objets. L'exposition, organisée à l'automne 1915 par Alexandra Exter, à Moscou, Galerie Lemercié (6/11, 8/12) est accompagnée d'un catalogue non illustré. Réalisée avec la collaboration de Nathalie Davydova [7], elle est appelée (première) exposition d'art décoratif contemporain [8]. L'idée d'une exposition d'art décoratif a déjà germé à Paris en 1914. C'est seulement en 1925 que

1. *Cf.* J. Tugendhol'd, « L'exposition d'art décoratif contemporain » dans *Russkie vedomosti*, n° 257, Moscou, le 8/11/1915, p. 6.
2. Dans *Mir zensciny* (« Le monde de la femme »), n° 15-16, 1915, p. 30.
3. A. Smirnov, ami russe des Delaunay présente le 23/12/1913 à Saint-Pétersbourg *La prose du Transsibérien* de Cendrars, paru à Paris avec les illustrations « simultanées », *cf. A. Rostislavov*, dans *Apollon* n° 1-2, 1914, p. 134. Les liens des Delaunay avec le milieu avant-gardiste russe à Paris (et avec l'entourage d'Alexandra Exter en particulier) sont attestés, notamment par l'annonce d'une monographie du critique Ivan Aksenov (Delaunay et le delaunisme), à la fin du livre *Pikaso i okrestnost* (Moscou 1917), jamais aboutie.
4. Le texte présenté ici est le reflet d'un travail consacré à Malévitch. Dans l'impossibilité de résumer ou de faire allusion aux données documentaires et à leur interprétation, je renvoie le lecteur à mon étude monographique sur Malévitch (à paraître aux éd. Hazan pour 1997).
5. Bien que le catalogue de l'exposition mentionne Pougny comme organisateur.
6. *Cf.* catalogue « Vystavka sovremennogo dekorativnogo iskusstva » (dépliant de 6 pages), Moscou 1915, n° 90 et 91 : « Dlja garta » (projet pour une écharpe) et n° 92 : « Poduska » (coussin).
7. À la suite de cette exposition, Nathalie Davydova s'entiche du suprématisme, au point de se prétendre en 1916 « élève de Malévitch ». Elle participe néanmoins
/...

.../
à une exposition suprématiste en 1919 et par la suite émigre en France où elle s'engage dans des activités liées à la mode. Pour de plus amples renseignements sur cette artiste, se référer à ma publication sur Malévitch, voir note 4.
8. Une deuxième exposition d'art décoratif contemporain a lieu deux ans plus tard sous l'égide des mêmes organisatrices Exter et Davydova à l'automne. Elle se tient à Moscou du 6 au 19 décembre 1917 à la Galerie Mihaïlova. Malévitch présente à cette occasion 17 œuvres décoratives, suprématistes. *Cf.* Deuxième exposition d'art décoratif (400 numéros) et « Po vystarkam » *Rannœ Utro* du 8/12/1917, p. 3 et dans *Russkie vedomosti* du 8/12/1917.
9. Skopcy est créé en 1910, le second, dirigé par A. V. Semigraddskaja, en 1912. Il est à supposer que ces deux ateliers reçoivent une orientation stylistique « futuriste » sous l'impulsion d'Alexandra Exter, à laquelle l'exposition de 1915 doit son existence.
10. Exter fait la connaissance de Yakulov chez les Delaunay.
11. Lettre inédite de Malévitch à M. Matjusin du 30/10/1915 (St-Pétersbourg, institut littéraire Maison Pouchkine, Arch. Matjusin, f. 656) Malévitch décrit les visites d'Exter à son atelier et ses discussions avec elle. Il parle déjà de « suprématisme », ce qui veut dire que cette dénomination existe déjà. Malévitch dit que « Exter (l'a aidé) à trouver de façon inattendue de nouvelles pensées au sujet du cubisme ».

cette idée moderniste, liée à l'avènement de l'art abstrait, est réalisée à Paris (l'Exposition internationale des arts décoratifs et industriels modernes). Entre-temps, grâce à Alexandra Exter et surtout à la vitalité du milieu moderniste russe, un art décoratif moderne, issu des nouvelles tendances cubistes et futuristes, naît en Russie.

Grâce à son expérience internationale, Alexandra Exter, peintre futuriste vivement intéressée par le folklore ukrainien, a l'audace et l'imagination de faire produire, dans une entreprise patronnée par son amie Nathalie Davydova, les œuvres d'un groupe d'artistes modernes. S'inspirant des célèbres exemples du « Monde de l'art » (manufactures de Talachkino ou d'Abramcevo), Davydova organise dans son domaine, rendu célèbre par les séjours de Tchaïkovski, des ateliers d'art appliqué et, en particulier, des ateliers de couture et de broderie du village Verbovka qui succédaient aux ateliers de Skopcy (village voisin [9]). On y exécute de nombreux projets d'Exter et de ses amis futuristes. L'éclat expressionniste et la vigueur du folklore, sont ravivés par des structures formelles cubistes et futuristes.

Ce groupe original et important mis à part, quelques compagnons de route de Malévitch et d'Exter participent à l'exposition d'art décoratif contemporain : Puni et sa femme Xenia Bogulslavskaja, Vera Popova, une cousine du peintre Lioubov Popova, G. Yakulov, autre relation parisienne [10] d'Alexandra Exter, Ekaterina Vassilieva (une jeune émule de Kiev) et... Malévitch lui-même. La présence des œuvres malévitchéennes à cette exposition résulte de l'intérêt et de l'estime qu'Exter et lui se portaient attestés par quelques rares documents de l'époque [11]. Exter est une des très rares personnes auxquelles l'atelier de Malévitch reste accessible au moment où ce dernier réalise ses premières toiles suprématistes (été-automne 1915). Cette exposition confirme avec éclat le vitalisme particulier de sa

démarche plastique : joie de vivre [12] de la liberté décorative, aisance toute naturelle par rapport à un nouveau monde de formes, libres et éclatantes, comme le sont les nouvelles formes de Malévitch, créations auxquelles l'artiste attribue le statut d'« êtres » autonomes. Exter est l'une de celle qui connaît le mieux la création futuriste abstraite et pré-abstraite, tant moscovite (Larionov, Gontcharova) que parisienne (à Paris entre 1910 et 1914, elle a fréquenté le couple Sonia et Robert Delaunay), italienne (Balla) et allemande (par ses contacts avec Walden et Kandinsky).

La participation de Malévitch témoigne de l'attention qu'il accorde au rapport de la création pure avec l'environnement quotidien : vêtement, meuble, décor urbain. L'exposition de novembre 1915 présente des paravents, des coussins et parasols, des tissus, réalisés par les ouvrières que Nathalie Davydova emploie à Verbovka, et à Skopcy. Ces objets conjuguent l'éclat des couleurs vives, et la dynamique des structures cubistes et futuristes. Un article [13] souligne cet éclat des couleurs qui impressionne les visiteurs et en attribue l'inspiration à la création populaire, cette création « primitive » que les modernistes parisiens glorifient chez « le Douanier » Rousseau et, tant prisés par Larionov et ses amis futuristes chez les primitifs en Russie [14]. Jakov Tugendhol'd [15], critique renommé, appréciant les broderies paysannes, qualifie de « talentueux » les travaux d'Alexandra Exter, « aveuglants par leur qualité d'à-plat », et remarque les arabesques coloriées d'un de ses parasols « simultanéistes ». Mais il se montre moins enthousiaste à l'égard de Malévitch et des autres futuristes. Sans le catalogue de l'exposition et sans les photographies de l'événement, on aurait du mal à comprendre à quoi il se réfère quand il parle du « galimatias non-objectif du futurisme ». Sur les photographies représentant « la salle principale » de l'exposition, publiées dans la presse

12. La lecture des mémoires d'Ardengo Soffici, ami parisien d'Exter, est très instructive à cet égard. *Cf.* A. Nakov, *Alexandra Exter*, Paris 1972.
13. *Cf. op. cit.* note 2.
14. Exter, de même que Larionov (ou Kandinsky), a « ses » primitifs : dans ce cas c'est une femme-peintre ukrainienne, Prybylko. On se doit aussi de signaler la passion d'Exter pour le théâtre folklorique en dialecte ukrainien qu'elle fréquente à Kiev assidument.
15. *Op. cit.*, note 1. Tugendhol'd voue, pour des raisons personnelles, une véritable admiration à Alexandra Exter. Il écrit sur elle plusieurs articles extrêmement élogieux, et en 1922, une monographie publiée à Berlin. La bibliographie la plus récente sur Exter est signalée dans mon article : A. Nakov, « A Modern-day Modello : On Three Figurines by Alexandra Exter » dans *Elvehjem Museum of Art Bulletin*, Annual Report 1991-93, University of Wisconsin, Madison 1994, p. 69-81.

Alexandra Exter. *Composition décorative*, vers 1916
L'œuvre a disparu
Archives Nakov, Paris (fonds Exter-Lissim)

quotidienne [16], on distingue, au centre d'une estrade, deux compositions suprématistes, séparées par un coussin (qu'on pourrait, pour des raisons stylistiques,
attribuer à Alexandra Exter), ainsi qu'une autre œuvre non-objective de
Malévitch, accrochée au mur [17].
La chronologie du suprématisme au cours de l'automne 1915 permet de
comprendre la présence de ces tableaux à l'exposition : Alexandra Exter et son
amie Davydova n'ont pas eu le temps de faire réaliser sur tissu les compositions
que Malévitch vient d'achever et qu'il destine à des réalisations – « décoratives » –
suprématistes. Dès leur naissance ces « êtres idéaux », autonomes, sont destinées à
vivre dans la vie quotidienne, c'est-à-dire dans le domaine de l'art décoratif.

« À Moscou, (ville des) peintres, on est prêt à tout pour un instant de gloire,
celui qui dira le premier "nouveau" sera roi ! De surcroît, vos meilleurs amis sont toujours prêts à
vous prendre votre place »...
                    M. Matjusin, « De l'exposition des derniers futuristes », 01/1916.

En acceptant d'exposer ses œuvres à Moscou, six semaines avant l'exposition
« 0,10 », en compagnie de quelques amis, voire de compagnons occasionnels du
futurisme (Puni, Yakulov), Malévitch cède à deux tentations : occuper sans tarder
une place dans la course aux inventions avant-gardistes, et surtout affirmer
l'universalité de sa nouvelle création non-objective. Comme on peut le constater
dans l'article de Tugendhol'd, le terme « suprématisme » n'est pas lancé à
l'occasion de l'exposition d'art décoratif contemporain ; pourtant, la correspondance de l'artiste avec son ami Mikhail Matjusin atteste l'existence du mot, dès
ce moment-là. Malévitch et ses amis (Exter en particulier) se sont donc contentés

16. *Cf. Iskry*, n° 45, Moscou,
le 15/11/1915, avec 4 vues
photographiques de l'exposition.
17. *Cf.* A. Nakov, *op. cit.*, note 4,
cat. n° S-53.

Kasimir Malévitch. *Composition non-objective.* Une version
a été présentée en novembre 1915.
Huile sur toile, 1915, Amsterdam, Stedeljik Museum

du terme « non-objectif [18] », employé d'une manière inattendue (donc naturelle)
par Tugendhol'd. Après 1919, le suprématisme apparaît comme un terme
générique et un concept philosophique.

Au début du mois d'octobre donc, Malévitch se penche sur le nom de sa nouvelle
création et il en discute avec Matjusin, poussé par la proximité de l'ouverture de
l'exposition « 0,10 ». Dans cette manifestation princeps, accompagnée d'un bref
manifeste et d'une brochure - programme, les trente-neuf œuvres présentées
acquièrent un sens et ont leur place au Panthéon des arts. C'est parce qu'ils
comprennent l'importance du baptême de cette nouvelle création et qu'elle va
octroyer à Malévitch autorité esthétique et indépendance stylistique, que Tatline
et ses proches (à ce moment-là, Popova et Udaltsova) s'y opposent obstinément.
C'est encore grâce à Exter que la veille du 19 décembre, Malévitch et Tatline se
réconcilient (apparemment du moins) et que l'exposition peut avoir lieu. C'en est
fini du « galimatias futuriste » ; le titre, et le programme qu'il implique, créent une
esthétique à part entière, majeure et incontournable.

Dans ses nombreuses reconstitutions de l'histoire du suprématisme, Malévitch
omet l'« exposition d'art décoratif », sans doute parce qu'elle a peu d'importance à
ses yeux si l'on considère les objectifs philosophiques du suprématisme — la « non-
objectivité pure », c'est-à-dire le dépassement conceptuel et tout simplement
philosophique de la matérialité picturale. Mais il convient de nuancer cette
affirmation. En 1917, Malévitch participe à la deuxième exposition d'art décoratif
contemporain, toujours organisée par Exter à Moscou [19], avec un plus grand
nombre d'œuvres, dix-sept pièces, ainsi décrites dans le catalogue : « coussins »
(n°s 128 à 136), « rubans » (n°s 137 et 138), « sacs » (n°s 139 à 143) et « buvard » (n° 144).
L'adjectif « contemporain », inclus dans le titre de l'exposition, indique clairement

18. L'histoire du terme « non-objectif »
est bien plus riche et ancienne. Son
origine est à chercher dans le discours
symboliste (Belyj et Kandinsky).
Le sujet est développé dans A. Nakov,
op. cit., note 4.
19. *Cf.* note 7.

61

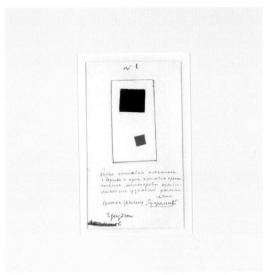

qu'il s'agit bien de la suite de l'entreprise de novembre 1915. Et cette fois-ci, il ne s'agit plus de « projets » mais d'objets exécutés d'après les dessins de l'artiste, comme on peut le constater sur la seule photographie connue à ce jour de cet événement[20]. À cette occasion, Malévitch affirme sa solidarité avec les postulats d'un art décoratif résultant du suprématisme, et il voit sa position confortée par la présence de ses disciples, Rozanova, Popova et Pestel, réunis depuis quelque temps déjà au sein du groupe « Supremus », véritable séminaire (« académie ») suprématiste aux ambitions théoriques et pratiques. Première et ultime exposition rassemblant les membres de « Supremus », le groupe se disloque peu après pour des raisons matérielles et idéologiques.

On sait aujourd'hui qu'à peine le premier suprématisme éclos, Malévitch envisage son développement dans le domaine de l'architecture, de la poésie, de la musique, etc. L'universalité du modèle impose son expansion universelle, donc une répercussion immédiate jusque dans le décor quotidien. Les activités malévitchéennes à Vitebsk au sein de Unovis, son « académie », illustrent, à partir de la fin 1919, cette expansion. Pour Malévitch, le monde est devenu suprématiste : la pensée pure, l'art décoratif, la musique et même (et surtout) le travail aboli au profit de la création.

Ainsi la participation de Malévitch à la première exposition d'art décoratif contemporain ne précède pas l'invention du suprématisme, elle en découle de façon naturelle et immédiate : elle y est intimement liée. L'interpréter comme une évolution formelle tributaire des modèles décoratifs[21] modernistes (« futuristes ») conduisant au suprématisme serait méconnaître fondamentalement les assises symbolistes et par la suite expressionnistes de l'action esthétique de Malévitch. Dès la fin 1911, dans une déclaration publique, Malévitch définit son

20. *Cf. N. Udaltsova*, « La vie d'un cubiste russe », anthologie de textes, Moscou 1994, ill. p. 149.
21. Je m'inscris à l'encontre des thèses de C. Douglas, « Non-objectivité et décorativité » dans *Voprosy iskusstvoznanija* 2-3/93, Moscou 1993, p. 96-106, thèses reprises dans « Suprematist Embroidered Ornament » *Art Journal*, New York, printemps 1995, p. 42-45. Ce regard « botanique » a trouvé un prolongement qui frise la caricature dans J. Milner, *Kazimir Malevich and the Art of Geometry*, Yale University Press, New Haven et Londres 1996.

cheminement créateur, fort complexe et à épisodes. Il dépasse d'un seul coup, avec le suprématisme, l'esthétique «emphatique» («Einfühlung») pour «libérer la création» de toute dépendance au monde matériel.

Au cours des années vingt, la récupération de ces inventions formelles par une grande partie de la production de luxe, russe et surtout occidentale, sa transformation par l'industrie artistique en valeur décorative interchangeable, intégrée dans le système d'une esthétique illustrative, ne doivent pas nous faire perdre de vue la valeur première des créations non-objectives d'Exter ou de Malévitch[22] La polyvalence des modèles non-objectifs témoigne, une fois de plus, de la charge d'universalité dont ils sont investis dès l'origine.

« Un novateur qui veut imposer un style à une époque ne doit pas se soucier de ce que l'on a fait avant lui. Il doit seulement se préoccuper d'utiliser selon son inspiration les éléments décoratifs que l'époque met à sa disposition. L'utilisation se fera bien elle-même. »

Apollinaire, 1914[23].

22. Voir note 4.
23. « La question de l'art décoratif et notre temps » dans *Chroniques d'art* du 29/7/1914 ; éd. 1960, p. 417.

Nicolaï Souïétine. Dessin textile à motif suprématiste, 1923 Londres, coll. Nikita D. Lobanov Rostovsky (cat. n°98)

Ilya Tchachnik. Dessin textile, vers 1923-24 Saint-Pétersbourg, musée d'État russe (cat. n°99)

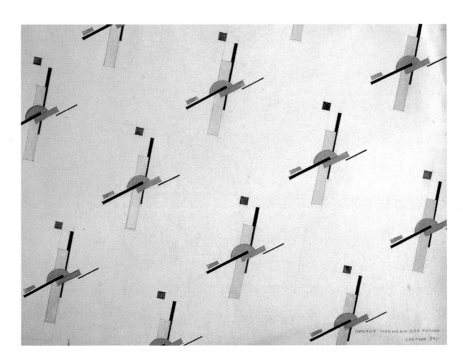

Kasimir Malévitch. Projets de robes suprématistes, 1923
Saint-Pétersbourg, musée d'État russe (cat. n° 93 et 94)

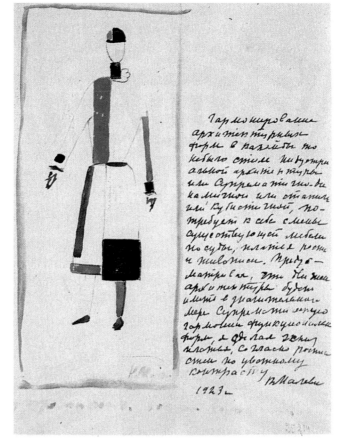

« Ni vers le nouveau, ni vers l'ancien,
mais vers ce qui est nécessaire. »
Tatline et le problème du vêtement

Radu Stern

Loin d'être un simple accident de parcours, l'intérêt de Tatline pour le vêtement est une conséquence logique de sa conception de la création artistique. Sans être formellement membre du groupe, Tatline est reconnu par les artistes producti-vistes comme un maître à penser. Immédiatement après la Révolution, le concept, cher à Tatline, de « culture des matériaux » est associé et parfois même assimilé à un autre, celui de « culture matérielle », largement utilisé à l'époque. En 1919, Tatline est un des membres fondateurs du Raimk, l'Académie russe de l'histoire de la Culture matérielle. La durée de vie très courte de cette institution ne l'empêche pas d'exercer une influence non négligeable. L'amalgame entre les théories de Tatline et le marxisme mécaniste vulgaire est assez typique pour les théoriciens du productivisme. Pour Alekseï Gan, l'objectif primordial de l'art dans la nouvelle société est de « trouver l'expression communiste des *constructions matérielles*[1] » et Boris Arvatov pense que « le communisme arrivera pour l'art quand l'artiste sera en premier lieu *un constructeur des matériaux réels*[2] » (les italiques sont les miennes). La mort de l'art de chevalet (qui a perdu toute signification sociale selon la rétho-rique productiviste) est présenté comme la conséquence d'un processus déclenché par les premiers *Reliefs picturaux* de Tatline de 1914. Dans cette perspective, la « culture des matériaux » apparaît comme une étape préliminaire inévitable qui, en critiquant la création artistique traditionnelle et en insistant sur la « constructi-vité » et l'« objectivité » de la forme, prépare les artistes à évoluer vers le producti-visme.

Cette préparation n'est pas uniquement conceptuelle ; elle est aussi d'ordre pra-tique, car elle donne la possibilité à l'artiste de travailler des matériaux industriels, en le rapprochant de la réalité de la production. Descendue de son piédestal, au sens propre et figuré, l'œuvre est construite, produite de la même façon et par les mêmes techniques que n'importe quel objet. Seule une différence subsiste : son caractère non-utilitaire. Mais, cette absence d'utilité précisément maintient l'œuvre construite à l'intérieur du ghetto de l'esthétique : « Récemment encore, l'artiste-constructiviste appelait ses constructions « objets » et leur attribuait une valeur en soi : cette attitude leur ôte toute signification pratique et relègue le travail du constructiviste au musée. Dans ce cas, le constructiviste Tatline se trouve logé à la même enseigne que Repine[3]. »

1. Alekseï Gan, « From constructivism »
dans *The Tradition of Constructivism* ;
éd. Stephen Bann, Londres, 1974,
p. 39.
2. Boris Arvatov, « Rectification
au suicide de Maïakovski » dans *Change*,
n° 32-33, 1977, p. 218.
3. Nikolaï Taraboukine, « Du chevalet
à la machine » dans *Le Dernier Tableau.
Écrits sur l'art et l'histoire de l'art
à l'époque du constructivisme*, présentés
par Andrei Nakov, Paris, 1972,
p. 48.

« Pour survivre socialement, écrivait Nikolaï Taraboukine, l'artiste doit cesser de créer des oeuvres-objets de musée et devenir un "créateur de valeurs vitales indispensables"». Suivant cette logique, Tatline abandonne les *Contre-reliefs* inutiles en faveur des « casseroles utiles » et malgré « les huées des esthètes de toutes tendances[4]», décide de se consacrer à la création d'objets utilitaires. En sa qualité de chef de la section «Culture matérielle» du Ghinkhouk (Institut national de la culture artistique de Pétrograd), il fait de la réalisation de prototypes d'objets pour la vie courante l'activité essentielle de son département, en se démarquant nettement de Malévitch et Matiouchine, deux autres responsables de sections, opposés aux thèses productivistes.

Parmi les objets d'usage courant, les vêtements sont jugés d'intérêt prioritaire. Idéologiquement d'abord, car hautement chargés symboliquement, les vêtements sont censés jouer un rôle social majeur; ils doivent incarner les nouvelles valeurs égalitaristes et en agissant directement sur le comportement de ceux qui les portent, renforcer activement la cohésion sociale. Artistiquement ensuite, car par sa nature même, le vêtement est, pour Tatline l'artiste-constructeur, un objet construit et non dessiné. La reproduction insistante des patrons à côté de ses modèles dans *Krasnaïa Panorama* qui n'est, et de loin, pas un magazine spécialisé de couture, affirme à notre avis la différence de son approche avec celle d'un dessinateur de mode traditionnel. À partir de morceaux divers, le vêtement est assemblé, monté, comme une machine l'est, à partir de pièces détachées. Et les critères d'efficacité qui gouvernent les machines devraient être appliqués aussi aux vêtements. La légende « *odiejda normal* », le vêtement normal, indique bien le lien qui existe entre les vêtements tatliniens qui, rappelons-le, sont supposés être des prototypes pour l'industrie, et la « normalisation », la standardisation, concepts-clés du taylorisme

4. Sergueï Issakov, « Novyi byt' i rabota Tatlina » dans *Leningradskaïa Pravda*, n° 135, 15 juin 1924, p. 7.

Vladimir Tatline. Photomontage illustrant le programme de la « nouvelle forme de vie » présenté dans la section de la culture des matériaux, Léningrad, 1924
Moscou, archives d'État russe de la littérature et d'art (cat. n°214)

repris par Bogdanov, le théoricien du Prolietkoult (groupe Culture prolétarienne). Rien d'esthétique donc, puisque la fonction du vêtement doit être strictement utilitariste [5]. Aux sarcasmes d'un critique contemporain, Konstantine Miklachevski, qui reproche à ses modèles de n'être que « des ébauches frustes et approximatives » loin d'avoir la qualité des costumes des tailleurs anglais [6], Tatline réplique par le photomontage bien connu réunissant deux élégants messieurs renversés et lui-même, debout, habillé de son « vêtement normal ». Puisque les seuls critères retenus pour la conception sont d'ordre pratique, économique ou hygiénique, tout arbitraire est exclu de la création qui ne peut être qu'un processus absolument objectif. Les vêtements conçus ainsi sont donc rationnels, en application de son principe : « Ni vers le nouveau, ni vers l'ancien, mais vers ce qui est nécessaire [7]. » Par leur rationalité intrinsèque, de tels vêtements devraient être atemporels et rendre caduque l'idée même de mode . Et pourtant, loin d'échapper au temps, ils évoquent tellement l'esprit des années vingt et le fait qu'ils n'aient jamais dépassé le stade de prototype, comme d'ailleurs le *Monument à la III ͤ Internationale* ou le *Létatline* [8], rappelle inlassablement l'échec de l'utopie.

5. Pour une analyse des vêtements de Tatline, voir Radu Stern, *À contre-courant : vêtements d'artistes 1900-1940*, Berne, 1992, p. 40-42.
6. Konstantine Miklachevski, *Gipertrofia iskusstve*, Pétrograd, 1924, p. 61.
7. Slogan de Tatline, actuellement en possession du musée Bakhrouchine à Moscou.
8. Contraction du verbe russe « Letat » (voler) et de Tatline, désigne une sculpture machine volante des années 1930-1931.

Фот. Ольшанского.

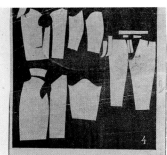

1—4) Фасон нового типа пальто: сделан с таким расчетом, чтобы движения человека в нем не стесняли. Пальто служит и летом и зимой—с переменой подкладки. 2) Зав. Отд. Матер. Культуры—худ. Татлин. 3) Новый тип печи, обеспечивающей большое тепло при небольшой затрате дров. В духовом шкафу пища сохраняется горячей в течение 28—30 часов.

Отдел материальной культуры при музее Художественной культуры (Главнаука), ведя исследовательскую работу в области изыскания новых форм, одной из основных своих задач поставил опыты по реорганизации быта.

В основе этой работы—максимум внимания к простейшим, окружающим нас вещам. Художник должен органически участвовать в создании новой вещи, а не только пользоваться старыми вещами. В связи с этим Отдел выработал задания и уже удалось даже заготовить образцы: одежды, отопительных приборов, мебели и пр. На характеристике этих образцов мы остановимся.

Характерны черты данного на рисунке пальто следующие: несколько расширенная в плечах и торсе (корпусе) и суженная книзу форма создает следующие качества: тепло не вылувается снизу, материал не облегает тела и оставляет воздушную прослойку,—с одной стороны удерживая этим лучше тепло (принцип двойной рамы), с другой создает более гигиеничные условия.

Покрой сделан с таким расчетом, чтобы движения человека в нем не были стеснены и давал возможность...

...нное положение: исполняются соста... ук (рис 1). Кроме того, ...жены пристяжные подкладки: фланелевую (осенью) и меховую—баранью (зимой), эти прикрепляются к мягкому непромокаемому верху (чехлу) специальным шкертом.

Ввиду того, что пальто состоит из трех отдельных, по мере надобности скрепляемых, частей, то каждая из них по износу может быть заменена новой. Костюмсконструирован по тому же принципу в общих чертах покроя. Рукава куртки и брюки также сужены к низу. Жилет совсем отсутствует. Комбинированный воротник может быть застегнут наглухо. Коркасный приклад целиком отсутствует. Пальто и костюм выполнены совместно с трестом Ленинградодежды.

Из пяти выработанных образцов нормальных печей поясним указанный на рисунке № 3: печь эта имеет экономическую топку, обеспечивающую при небольшой затрате дров (6 полен) большой тепловой эффект. Печь снабжена духовкой и большим герметическим шкафом, который сохраняет воду и пищу горячими в течение 28—30 часов и одновременно при одной топке обогревает помещение, размером 8 ар. Х 6 вр. при 6-ти ар. высоты до 48 часов, сохраняя температуру от 16° до 14° по Геомюру. Помимо этого, разрабатываются новые конструкции кроватей и др. предметов.

Работа ведется коллективно группой сотрудников, в число которых входит художник Татлин, являющийся одновременно заведывающим указанного отдела Материальной Культуры.

O·M·K· ДЕЛАЕТ ИЗЫСКАНИЯ НОВОЙ ФОРМЫ ПОВСЕДНЕВНОЙ НОРМАЛЬ-ОДЕЖДЫ

Minimalisme et création textile ou l'origine de la mode constructiviste

Alexandre Lavrentiev

En 1921, cinq artistes de l'avant-garde russe (Alexandra Exter, Alexandre Vesnine, Lioubov Popova, Alexandre Rodtchenko et Varvara Stépanova) annoncent, après l'exposition « 5 x 5 = 25 », qu'ils abandonnent la peinture de chevalet non objective au profit de l'art productiviste (ou constructivisme, mais on pourrait dire aussi esthétique industrielle). Quatre ans plus tard, quand Popova et Stépanova commencent à dessiner des tissus à la Première fabrique de cotons imprimés, près de Moscou, elle n'ont pas une grande expérience de la production industrielle. C'est par le théâtre qu'elles abordent la mode et la décoration. En 1922, elles dessinent des décors et costumes pour deux mises en scène de Meyerhold. Popova imagine pour *Le Cocu magnifique* un ensemble de costumes, vêtements de travail fonctionnels à la coupe simple destinés aux acteurs. Ces costumes contribuent à un effet scénique fort, précis et dynamique produit par les voix, les mimiques et les postures du corps tout entier. Popova et Stépanova concrétisent ainsi les notions de biomécanique qui sous-tendent toutes les mises en scène de Meyerhold, et fournissent un support objectif à la communication dans le cours du spectacle. Stépanova poursuit un but analogue quand elle dessine des costumes burlesques de style géométrique pour *La Mort de Tarelkine*. Elle retient des grandes catégories vestimentaires du XIXᵉ siècle une série de tenues caractéristiques : l'uniforme militaire, l'habit de gendarme ou la robe bouffante parodiant la jupe paysanne. D'autres vêtements, notamment les vêtements de sport et le bleu de travail, conviennent bien à la situation des années vingt. Leur structure, loin d'être dissimulée, doit rester visible ; des assemblages de carrés, triangles et bandes d'étoffe de deux tons, gris et bleu, correspondent aux couleurs des dessins de Stépanova, exécutés au crayon bleu sur feuille blanche.

Les motifs géométriques, les principes esthétiques fonctionnels, la mise en évidence des éléments de composition et des instruments de dessin (la règle et le compas) sont communs à Popova et Stépanova.

Pour rendre plus lisibles encore la structure du vêtement et l'agencement de formes géométriques, les deux artistes font contraster les matières et les couleurs. Grâce à la grande dimension des éléments graphiques, les effets mis au point dans le dessin restent perceptibles, malgré les mouvements des personnages. Autant dire que les premiers modèles vestimentaires constructivistes, issus du minimalisme géométrique, relèvent de l'art graphique. C'est là que réside la différence entre les costumes de scène dessinés par Stépanova et Popova, et les œuvres de stylistes professionnelles comme Nadejda Lamanova, Alexandra Exter et Véra Moukhina, qui utilisent les étoffes de manière plus sculpturale et drapent le corps en tenant compte de tous les angles de vue.

Alexandre Rodtchenko et Varvara Stépanova dessinent également des vêtements de travail fonctionnels, les fameuses « combinaisons productivistes », pour les deux sexes. L'épithète « productiviste » est née de discussions entre les artistes de l'Inkhouk (Institut de Culture artistique) qui ont finalement décidé de renoncer à l'art pur pour se consacrer aux arts appliqués, décoratifs et industriels. Pour vérifier la validité de leurs idées, ils doivent essayer de les appliquer à des objets familiers. Rodtchenko se dessine une combinaison pourvue de multiples poches pour accueillir des instruments précieux : une règle, un compas, des crayons rouge, bleu et noir, des ciseaux, une pipe, une montre, etc. Le haut peut se porter séparément, comme une vareuse, tandis que le bas ressemble à un pantalon de marin. Stépanova taille la combinaison de Rodtchenko dans du drap et du cuir, et la coud avec une machine Singer. Il est tellement content de sa nouvelle tenue qu'il la porte tout le temps et l'use jusqu'à la corde. De toute façon, il préfère les vêtements usagés, plus confortables, aux habits neufs. La combinaison productiviste de Stépanova reste à l'état de projet. Elle comporte une nouveauté qui lui donne un aspect d'uniforme de mécanicien : des lanières verticales sur le gilet soutiennent d'énormes poches, tandis qu'une lanière horizontale marque la taille.

En 1923, plusieurs artistes d'avant-garde mènent des expériences intéressantes en liaison avec l'atelier de Lamanova ; ils transposent directement sur le tissu des compositions abstraites de Kandinsky et de Rodtchenko. Ainsi, les tableaux de

Rodtchenko, tout en lignes et triangles, sont reproduits sous forme d'applications d'étoffes unies et de broderies dans les couleurs conformes. La coupe des vêtements importe peu ici. Il suffit qu'elle soit simple pour ne pas dénaturer l'effet d'ensemble de la composition abstraite et ne pas trop attirer l'attention.

Ces activités conduisent tout naturellement les constructivistes à s'intéresser à la création de tissus originaux. Stépanova raconte comment les choses se sont passées pour elle quand elle travaillait à l'atelier de dessin de la Première fabrique de cotons imprimés, en 1924. Ce témoignage date de 1930, à l'occasion d'un discours prononcé au Parc de la culture, à Moscou, où l'association Octobre présente une exposition. Au sein de cette association vouée à la création d'un environnement nouveau pour la vie quotidienne dans la société socialiste, Stépanova appartient à deux sections, textile et typographie. Rodtchenko, d'abord membre de la section architecture intérieure, met sur pied une section photographie, autour de laquelle le célèbre groupe Octobre se constituera en 1931. L'association elle-même ne dure que trois ans, cédant la place en 1932 à la série d'organisations officielles instituées par un décret du parti communiste : unions des écrivains, des artistes, des architectes, des compositeurs, etc. C'est une dernière tentative visant à réunir différentes disciplines dans la poursuite d'un but commun, l'environnement total, harmonisé selon les principes de l'esthétique d'avant-garde.

Dans son discours, Varvara Stépanova explique : « Quand Popova et moi sommes allées à la Première fabrique de cotons imprimés, nous avons observé un phénomène très intéressant. Le nouveau directeur "rouge" venait d'être nommé. La fabrique commençait à produire des cotons, flanelles et voiles. Deux des opérations subies par le tissu consistaient à l'imprimer et le teindre. La teinture n'occupait pas encore une place importante à la fabrique, où l'on s'intéressait surtout au dessin de

73

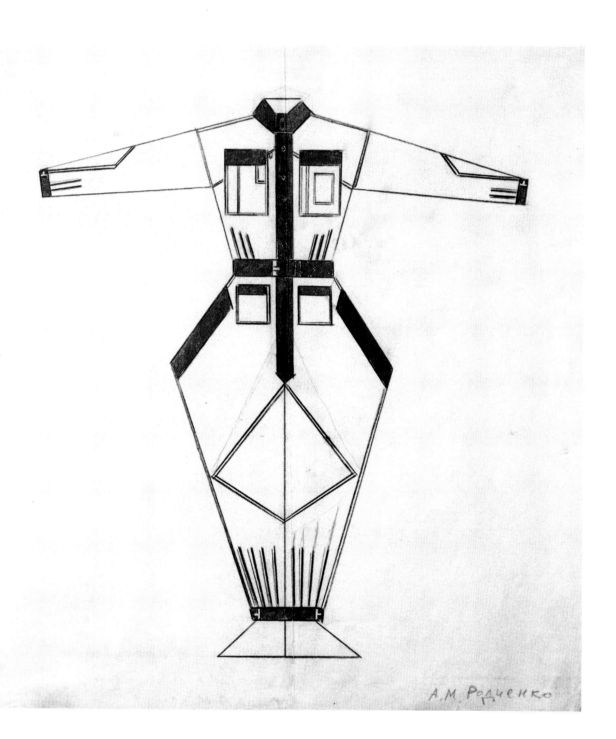

motifs. La première année, les responsables s'inspiraient de vieux journaux de mode. L'usine produisait des tissus rayés noir et blanc qui plaisaient beaucoup. Puis il y a eu une crise, parce qu'elle n'a fait que des rayures pendant neuf mois. La manufacture Triokhgornaïa (un autre établissement moscovite) proposait des motifs de vagues et de cercles. Alors, les responsables de la fabrique ont décidé de renouveler ces dessins. Ils sont allés aux Vkhoutémas (Ateliers supérieurs d'art et technique), et n'ont trouvé personne. Ils ont cherché parmi les personnalités connues celles qui correspondaient aux goûts des dirigeants. Ils ont invité Pavel Kouznetsov et Aristark Lentoulov. Lentoulov a demandé très cher. Kouznetsov acceptait le tarif, mais à une condition : que sa signature soit imprimée sur chaque mètre de tissu. Pour lui, c'était comme des tableaux. Les dirigeants de la fabrique ont refusé, et l'un d'eux a écrit un article. Des membres du front gauche de l'art ont répondu à son appel. Trois personnes étaient prêtes à travailler : Rodtchenko, Popova et moi. Comme tout était nouveau pour nous là-bas, nous avons posé nos conditions : la fabrique devait nous expliquer les procédés de production, et nous laisser intervenir à toutes les étapes où l'aspect artistique entre en jeu : choix des motifs, commercialisation, expositions. Nous avons signé un accord. Une fois les formalités achevées, on nous a fait visiter toute l'usine et on nous a demandé : "À quoi ça sert de regarder des machines ? Vous feriez mieux d'aller au musée." »
Comme on le voit, Stépanova et Popova jugent indispensable d'organiser le travail de l'artiste constructiviste. Aux termes de l'accord passé avec les responsables de la fabrique, il est convenu que les artistes superviseront la mise en couleur des motifs avant impression, surveilleront le report des dessins sur les rouleaux, concevront les publicités et les décors de vitrines, entreront en relation avec les ateliers où les tissus seront utilisés pour confectionner des vêtements. Tout cela semble normal

aujourd'hui. En 1924, Stépanova et Popova sont pratiquement les seules femmes à oser travailler pour l'industrie textile. Il n'y a presque que des hommes dans ce secteur, et à tous les niveaux. Finalement, les artistes ne réussissent pas à réorganiser les modes de production de manière à garantir leur indépendance et introduire les nouveaux rythmes graphiques dans la décoration des tissus. Stépanova crée environ cent vingt dessins, dont une vingtaine seulement (en comptant les variantes de couleurs) font l'objet d'une production en série. Avec le temps, ils n'ont rien perdu de leur fraîcheur.

Les deux artistes s'en tiennent en fait à des principes fort simples. Premièrement, elles dessinent des motifs géométriques fondés sur la ligne droite et le cercle. (Et l'on sait combien il était difficile de faire comprendre aux dirigeants de l'usine que l'on pouvait utiliser d'autres imprimés que les tissus à fleurs pour les vêtements féminins.) Leurs créations reflètent la mécanisation des méthodes de dessin, qui permet de reproduire les éléments à l'identique et de les combiner différemment. Cette démarche s'explique par l'attitude des constructivistes à l'égard des progrès techniques et de la normalisation industrielle. Il existe aussi une corrélation directe entre les motifs géométriques employés dans les arts décoratifs et la peinture non objective, où la géométrie constitue un vocabulaire de formes universel. Les tissus décorés par Popova et Stépanova n'ont rien de figuratif ou d'allégorique. Les tissus ne servent pas encore de support à l'art de propagande. Cette tendance apparaît plus tard, dans l'œuvre d'artistes issus de la faculté du textile des Vkhoutémas-Vkhoutein, où elles ont enseigné toutes les deux.

La deuxième caractéristique des dessins de Stépanova et Popova est qu'ils se composent souvent d'une superposition de modules graphiques. Les deux artistes ont une certaine pratique du collage et du photomontage qui les incite à placer des

Varvara Stépanova. Textile imprimé, 1924
Moscou, archives Rodtchenko et Stépanova (cat. n°193)

Varvara Stépanova. Dessin textile, 1924
Moscou, archives Rodtchenko et Stépanova (cat. n° 193)

**Alexandre Rodtchenko. Portrait de Varvara Stépanova
portant une robe réalisée dans un de ses imprimés,
photographie, 1924**
Moscou, archives Rodtchenko et Stépanova

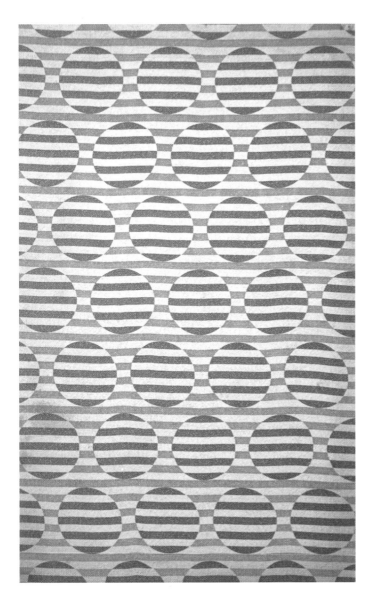

76

éléments les uns au-dessus des autres. La notion d'espace imaginaire joue aussi un rôle primordial dans l'élaboration des compositions non objectives. Cette technique de superposition transforme les contours des motifs. Et elle devient encore plus évidente dans la décoration de tissus, parce que les motifs constitués de formes très simples employées en petit nombre, déterminent très peu de strates ou « degrés » successifs dans l'espace. Sur ce point, il existe une différence entre les œuvres de Stépanova et celles de Popova. La première dessine souvent les contours sans les remplir, de sorte que les formes adjacentes s'entrecroisent et présentent un contour commun. Pour mieux les distinguer, l'artiste applique des couleurs différentes sur chacun des éléments et sur leur intersection. Toute la surface est occupée, si bien qu'il ne reste pas de fond. Les éléments du motif s'amalgament dans un tout homogène où les interstices deviennent eux-mêmes des formes complémentaires. Chez Popova, au contraire, le motif se détache souvent sur un fond blanc ou coloré.

La troisième caractéristique des dessins de tissus constructivistes est la régularité des motifs. Chacune des artistes a sa formule personnelle. Popova met en place une structure uniforme, comparable à du papier réglé. Stépanova couvre la page de modules géométriques disposés dans des agencements symétriques à la manière de cristaux gigantesques ou de molécules chimiques. Elle adopte aussi une méthode qui préfigure l'op'art des années soixante. Elle découpe des formes selon des bandes verticales contrastées et les peint en alternant deux couleurs. Le motif le plus apprécié dans les années vingt se compose de cercles coupés par des rayures verticales ; Stépanova utilise d'ailleurs cet imprimé pour se faire une robe. Malgré leurs différences, les créations des deux artistes mettent en jeu des procédés de symétrie analogues. Stépanova recourt aux permutations, interversions et

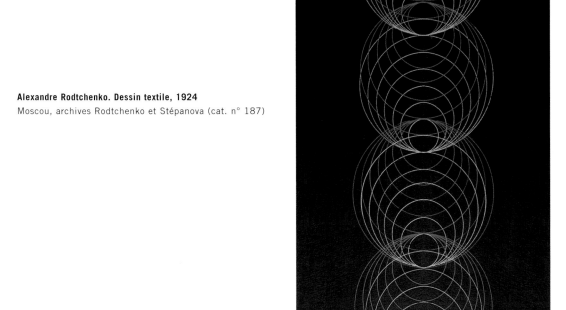

Alexandre Rodtchenko. Dessin textile, 1924
Moscou, archives Rodtchenko et Stépanova (cat. n° 187)

basculements autour d'un axe. Elle fait preuve d'une grande inventivité tout en se limitant aux figures géométriques élémentaires (triangle, cercle et carré) et à leurs dérivés. Quelques dessins inachevés nous renseignent sur sa façon de travailler : elle esquisse un réseau rythmé où elle peut ensuite délimiter les formes de différentes façons.

Comment les proches de ces artistes perçoivent-ils leur travail ? On trouve un article consacré aux tissus dans la revue dactylographiée en trois exemplaires intitulée *Nach gaz* (« Notre journal ») que Rodtchenko « édite » avec sa femme et leur ami Boris Chouetzov, professeur à la faculté de céramique des Vkhoutémas. À la date de sa « parution » en 1924, Stépanova et Popova ont déjà commencé à travailler pour la Première fabrique de cotons imprimés. Dans la revue qui pratique volontiers l'autodérision, on peut lire : « Les constructivistes avancent irrésistiblement en pantalon imprimé. » Rodtchenko titre son « éditorial » : « Conseils du vieux singe au jeune dessinateur de tissus. » Non sans humour, il y est question des motifs géométriques ; d'après lui, les rayures de Stépanova rencontrent un tel succès qu'on les utilise pour les guérites des sentinelles aussi bien que pour les bornes kilométriques. Les bornes, affirme-t-il, indiquent les « verstes » (ancienne mesure russe équivalant à 1,07 km) en l'honneur de Varvara Stépanova, surnommée Varst. Par ailleurs, il prédit l'apparition de tissus décorés de symboles et d'emblèmes politiques, tels que l'étoile, la faucille et le marteau, les tours du Kremlin et les drapeaux.

Dans cette période charnière (celle du constructivisme tardif), Rodtchenko dessine des vêtements visionnaires. En 1929, il crée les décors et costumes de deux pièces, *Inga* et *La Punaise*. La première se place sous le signe de l'industrialisation et du rationalisme, dans la période du premier plan quinquennal en Russie. La seconde

Lioubov Popova. Projet de robe (décor mur), vers 1923
Moscou, musée Tsaritsino (cat. n° 181)

Alexandre Rodtchenko. Portrait photographique de Lily Brik, collage, 1924
Moscou, archives Rodtchenko et Stépanova (cat. n° 186)

est une comédie satirique de Maïakovski mise en scène par Meyerhold. La fin de la pièce se déroule dans l'avenir, entre 1929 et 1979. En 1929, le socialisme s'installe, tandis que prévaut un mode de vie petit-bourgeois ; 1979, offre un « avenir radieux ». Tous les problèmes sont résolus. La population est jeune, heureuse, intelligente et en bonne santé. Pour cette période, l'artiste dessine des costumes où l'innovation se mêle à l'humour. Il bafoue les rêves utopiques de toute sorte, utilise des couleurs où dominent le blanc et les tons pastels, et donne aux acteurs des apparences de cosmonautes ou d'aviateurs gommant la différence des sexes. Ses costumes se présentent comme des dispositifs compliqués aux multiples fonctions, avec leurs fermetures à glissière, leurs accessoires détachables, leur poches, tabliers, ceintures, lanières et casques-cagoules. Tout en restant fidèle aux principes du minimalisme : un minimum de formes et d'éléments pour un maximum d'effet. Ces œuvres constructivistes tardives font songer à l'aviation. La ligne profilée devient la principale composante stylistique des arts appliqués.

Les compositions géométriques de Stépanova et Popova rendent particulièrement évident le rapport fusionnel de la peinture et des arts décoratifs dans l'avant-garde russe. « Au fond, Popova a enfreint la règle, remarque un historien d'art. Elle a étendu toute son expérience picturale à la décoration textile. Elle avait déjà fait quelque chose d'analogue à l'époque de ses premières peintures non objectives, quand elle avait dessiné des modèles de motifs pour le groupe de Verbovka [1]. »

Le minimalisme de l'avant-garde s'inspire dans une large mesure de la rationalité méthodique du monde technique et scientifique. Le 27 juillet 1922, Popova, notant ses réflexions sur quelques spectacles donnés au théâtre d'Été de Moscou, s'étonne qu'on ne rencontre dans la création artistique encore aucune des formules rigoureuses capables de « nettoyer comme un bon aspirateur tous les déchets esthétiques

1. D. Sarabianov, « Meeting on the Cross-Road », dans cat. *The Direct and Undirect Perspective of the Russian Minimalism*, Moscou, musée Tsaritsino, 1994.

qui encombrent notre vie ». Elle voudrait que les œuvres d'art soient jugées selon des critères purement pratiques. On pourrait ainsi coordonner la mise en scène, les décors et les costumes comme on organise l'activité de l'équipage d'un navire de guerre[2]. Popova dénonce les théories esthétiques arbitraires et prône un minimalisme fait de simplicité et de pureté.

Elle meurt en 1924 sans avoir pu développer plus avant sa conception du minimalisme géométrique dans les arts décoratifs. Il reviendra à Stépanova et Rodtchenko de poursuivre l'œuvre constructiviste jusque dans les années trente.

2. Liudmila Monakhova, « The Art of the Non-Objective Feelings », ibid, *op. cit.* ; note 1.

Les artistes russes à Paris et la mode

Valérie Guillaume

Un an après la reconnaissance de l'Union des républiques socialistes soviétiques par la France, en 1924, Alexandre Rodtchenko vient à Paris pour installer le fameux Club ouvrier dans l'Exposition internationale des arts décoratifs et industriels modernes. Dans une correspondance adressée à son épouse Varvara Stépanova, il rend compte de son observation du monde occidental, sur un ton quelquefois critique : « C'est le culte de la femme comme objet » (25 mars 1925) ou le plus souvent amusé : « J'ai acheté deux chandails très bien, comme en portent ici les ouvriers, un marron et un bleu vif, pour douze roubles (…) J'ai commencé à prolétariser mon costume à l'occidentale. Je veux même acheter des gros pantalons et une blouse bleue » (15 avril 1925 [1]). Faute d'archives sur l'Exposition [2], deux publications demeurent essentielles pour la connaissance des textiles et des costumes que l'Union soviétique présente alors dans la capitale française : le fascicule *L'Art décoratif et industriel moderne* et le catalogue *Section URSS, exposition 1925* [3].

Dans la première publication, David Arkine, membre de l'Académie des arts et auteur d'un article intitulé « L'artiste et l'industrie », recense les artistes ci-après : Popova, Lamanoff (c'est-à-dire Lamanova, voir cat. n° 200), et — de façon inattendue — Bakst et Davydova : « Nous avons actuellement Bakst, fournissant des modèles aux tailleurs de Paris » (p. 40), « deux robes de femme de Davydova » figurant en illustration. Rien, sinon une évidente parenté stylistique entre les œuvres, ne permet d'affirmer que l'artiste Davydova est bien celle que nous avons identifiée, installée à Paris et à la tête d'une entreprise de couture. Léon Bakst, mort le 27 décembre 1924, est connu pour ses décors et ses costumes des Ballets russes de Diaghilev. De 1912 à 1915, il a dessiné des modèles pour les maisons de couture Worth et Paquin [4]. Popova et Bakst décédés, Davydova émigrée, Lamanova resterait l'unique représentante officielle de la couture soviétique, comme si l'auteur de l'article voulait évoquer une collaboration passée et non à venir entre l'artiste et l'industrie [5]. À cette date, l'activité textile et vestimentaire des artistes constructivistes a en effet quasiment cessé.

Dans le catalogue de l'Exposition de 1925, le recensement des costumes et des textiles permet de distinguer en termes quantitatifs, les productions traditionnelles des productions à l'esprit moderne d'artistes aisément identifiables : Lioubov Popova, Varvara Stépanova, peut-être sous le numéro 11, et Liudmila Maïakovskaïa, sûrement sous le 12. Dans la salle octogonale (p. 74), sont présentés des « fichus et des châles,

1. A. Rodtchenko, *Écrits complets…*, *op. cit.*, p. 65 et p. 70.
2. Les Archives nationales ne possèdent pas les dossiers de l'Exposition, qui, selon toute vraisemblance, auraient servi de combustibles dans un ministère, pendant la Seconde Guerre mondiale.
3. Bibliothèque de l'UCAD, S 1525 et X 4 45.
4. Bakst a dessiné en 1915 des modèles de « robes réforme » s'inscrivant dans le mouvement visant à réformer le costume né au XIXe siècle avec Henry Van De Velde et les artistes du Werkbund allemand et des Wiener Werkstätte autrichiens. Voir à ce sujet Radu Stern, *op. cit.* Sur Bakst, *cf.* Charles Spencer, *Léon Bakst*, London, Academy ed., 1973, p. 174-175 et 183.
5. Sur l'histoire du textile en Union soviétique, voir l'article de Charlotte Douglas, « Russische Textilentwürfe », dans *Die Grosse Utopie, op. cit.*, p. 249-259. Voir l'article de Alexandre Lavrentiev, p. 70.

6. *Cf.* G. Bernier, M. Schneider-Maunoury, Robert et Sonia Delaunay, *op.cit.*, p.189. V. Maïakovski est venu en 1922, en 1925 puis en 1928.
7. RC n° 366 860, 1926 : Isdebsky Vladimir, originaire de Kiev, « dessinateur broderies sur tissus »
RC n° 245 9315, 1930 :
Okolow Subkowsky Eugène, originaire de Krassnaïarsk, « production et vente de dessins industriels ».

genre Kalma-Volga, et des cachemires fabriqués au Kamvolny trust d'État (Moscou) » ; les « cotonnades de la Première fabrique d'indiennes à Moscou (trust de l'industrie du coton de Moscou) » sont répertoriées sous le numéro 11 : Popova et Stépanova y travaillaient encore en 1924. Enfin, les « cotonnades et tissus de lin de la manufacture Triokhgornaïa à Moscou (trust du coton de Presnia). Échantillons de tissus de teintes aérographiques » sont exposées en numéro 12. Maïakovskaïa n'est, semble-t-il, pas venue à Paris pour la manifestation. Son frère, le poète Vladimir Maïakovski, effectue un deuxième séjour à Paris en 1925, reçu par les Delaunay[6]. Sonia Delaunay connaissait probablement cette œuvre textile originale.

La salle suivante, celle des Vkhoutémas (p. 77), expose les travaux des étudiants de la faculté du textile (où enseignaient entre autres, Stépanova et Maïakovskaïa) ; les stands des Koustari (coopératives artisanales) présentent encore en grande quantité des costumes féminins régionaux, des textiles façonnés, des broderies et d'autres cotonnades et soieries des trusts du coton et de la soie (p. 82-88). Depuis la révolution d'Octobre, l'installation des Russes à Paris a en fait familiarisé le public avec le décor traditionnel du costume populaire slave. Le musée de la Mode et du Costume en conserve plusieurs exemples parmi lesquels une robe-chemise brodée dans les ateliers de Jeanne Lanvin par des ouvrières slaves (inv. 1967-70-18). Alors que l'activité des fabriques soviétiques consacre la suprématie de l'impression, de nombreux émigrés ouvrent, à Paris, des entreprises de broderies. Des sondages effectués dans le registre du commerce permettent de citer en vrac Iklé, Isdebsky, Okolow[7] — pour qui, d'ailleurs, Paul Mansouroff travaille un moment (cat. n°235). L'Atelier d'art russe propose ainsi dans les colonnes du *Jardin des Modes* (juin 1923, n° 47, p. 910) des robes brodées dont la confection aident des « exilés souvent si malheureux dans ce vaste pays (à) retrouver à la fois le confort moral et pécunier (*sic*) » (janvier 1923, n° 42, p. 718).

**Varvara Stépanova. Toile de coton imprimée, 1924, exposée
à Paris en 1925**
Moscou, archives Rodtchenko et Stépanova (cat. n°190)

**Vue de la section soviétique de l'Exposition internationale
de 1925 à Paris, photographie de Henri Manuel**
Moscou, archives Rodtchenko et Stépanova (cat. n°189)

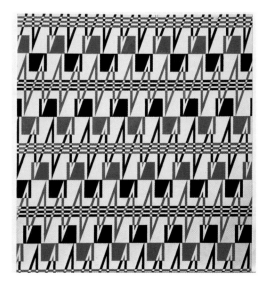

Sonia Delaunay demeure incontestablement la figure la plus célèbre d'artiste russe émigrée. Son œuvre textile et vestimentaire a déjà fait l'objet de nombreuses rétrospectives. Quelques jalons chronologiques marquant la genèse et le développement de la maison sont à retenir[8]. 1916 : ouverture à Madrid de la « Casa Sonia » (avec, en 1919, trois succursales à Bilbao, Saint-Sébastien et Barcelone) ; 23 janvier 1923 : décoration de la *Boutique des Modes* au Grand bal travesti-transmental donné au profit de la Caisse de secours mutuel des artistes russes (sa compatriote Natalia Gontcharova dessine l'affiche du bal) ; 24 mai 1924 : soirée de l'hôtel Claridge avec un défilé des robes de Sonia Delaunay, appelées « à être portées demain » ; 12 juillet 1925 : réalisation avec le couturier Jacques Heim et le maroquinier Girau-Gilbert de la Boutique simultanée, sise n° 16, pont Alexandre III, à l'Exposition des arts décoratifs et modernes. Spécialiste de l'artiste, l'historienne Sherry A. Buckberrough analyse ci-après les caractéristiques stylistiques de son œuvre textile et vestimentaire. À la lumière d'archives inédites, nous proposons un examen juridique, financier et commercial de l'histoire de la maison de couture, couvrant principalement la période de 1925 à 1929 ; à cette date, raconte Sonia Delaunay, la « grande dépression me sauva des affaires[9] » autrement dit la libéra d'une activité qui la contraignait de renoncer à la peinture. Dans le registre du commerce, l'enseigne « Sonia » (21 mars 1925) désigne une activité de « création de modèles » sise 19, boulevard Malesherbes (n° RC 313 977). Une modification en date du 1er janvier 1929 enregistre une nouvelle société « Tissus Delaunay[10] ». C'est dans cet intervalle que l'histoire mouvementée de la maison voit s'associer deux personnalités extraordinaires, Sonia Delaunay elle-même et Jean Coutrot. Ce dernier succéde à J. Jacquemond, éphémère directeur commercial de la maison, que Robert Delaunay a lui aussi présenté à sa femme. Polytechnicien, ingénieur, il a déjà fondé une maison de couture. « Chargé de lancer la maison de

8. L'ordre des dates est extrait de l'ouvrage de G. Bernier et M. Schneider-Maunoury, *op. cit.*, 1995.
9. *Cf.* Sonia Delaunay, *Nous irons jusqu'au soleil*, Paris, R. Laffont, 1978, p.102.
10. S.A. au capital de 500 000 F, siège social 19, bd Malesherbes ; marque déposée : tissus simultanés. Voir la *Gazette du Palais*, 11 mai 1929, n° 131.

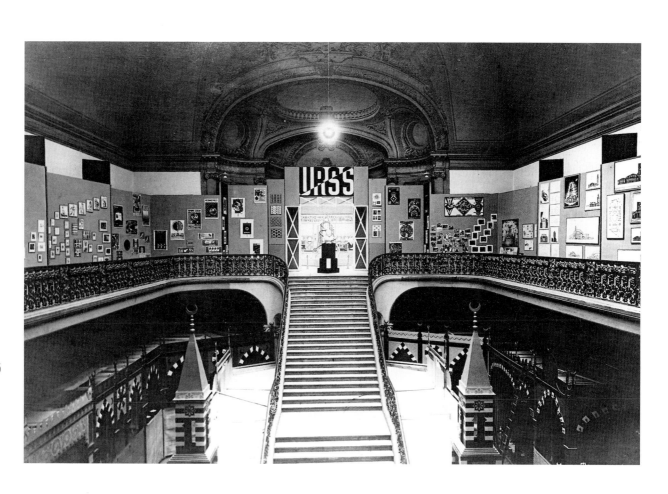

Iliazd. Deux projets pour les parements de la robe de Mme Vera Soudeikine : les manches, le col, 14 janvier 1922
Paris, Bibliothèque nationale de France, fonds Sonia Delaunay (cat. n° 229)

Sonia Delaunay, il signe un contrat d'une année, renouvelable [11]. » Il propose immédiatement d'embaucher des mannequins et des ouvrières ; il préconise l'emploi systématique du plissé et projette de rationaliser la coupe du tissu, ce que Sonia Delaunay refuse [12]. Le contrat est rompu.

La maison de couture Sonia Delaunay
La collection des œuvres créées par Sonia Delaunay, aujourd'hui conservées par le musée de la Mode et du Costume, provient d'une seule donation, celle de madame Annette-Jean Coutrot par l'intermédiaire de sa fille, Marie Toulouse-Coutrot. Je ne saurais assez la remercier de m'avoir permis l'accès à des archives inédites déposées par la Fondation nationale des sciences politiques aux Archives nationales [13]. Leur consultation ainsi que la lecture de la biographie la plus récente de Georges Bernier et Monique Schneider-Maunoury intitulée *Robert et Sonia Delaunay, Naissance de l'art abstrait*, contribuent largement à ouvrir des perspectives toutes nouvelles sur l'histoire de la maison de couture [14].

L'artiste n'a jamais mentionné dans ses mémoires le rôle de conseiller juridique, financier et amical que Jean Coutrot remplit auprès d'elle. À la tête de l'entreprise familiale Gautblancan (peintures pour artistes Linel, toiles Binant...) il fournissait Robert Delaunay en articles de peinture. Doté d'une solide culture humaniste, il exerce de multiples activités [15]: d'abord professeur à l'école d'organisation scientifique du travail, il fonde un bureau d'« ingénieurs-conseillers » en rationalisation (1930) puis anime le Centre polytechnicien d'études économiques (1931).

Fort de ces compétences, il adresse, le 12 août 1926, un mémorandum à son amie Sonia Delaunay, précisant leurs attributions respectives au sein de la nouvelle société « Sonia » : « Vos attributions comporteront : a/ Tout ce qui touche à la création.

11. *Cf.* Annette Malochet, *Atelier Simultané di Sonia Delaunay 1923-1934*, *op. cit*, p. 70.
12. *Ibid.*, p. 70 et 72.
13. Archives nationales, cote AN 468 AP 10. Chemise JC 10 DR 3, correspondance de Jean Coutrot avec les Delaunay.
14. Éd. Jean-Claude Lattès, 1995.
15. Jean Coutrot (1895-1941) a publié *De quoi vivre*, Grasset, 1935 ; *Le système nerveux des entreprises*, éd. Delmas ; *L'humanisme économique*, éd. du CPEE, 1936.

СТИХИ ДЛЯ ПЛАТЬЯ
В.Л.СУДЕЙКИНОЙ

КУКУ́ РО́НЬ
СЕ́РП УКЛО́НЬ
ВИ́ДМИВА́ТА ЛУКА́ АРУКА́

РАКСНА́ ВЫСАКА́ ВБЛКА́
НИТРО́НЬ
ЮВИРУ́,
ДИВИРУ́,
МИДВИ́НЮ НАКАЛО́У ПУЕЛАРЮ́
ДИВЧАРУ́

ВИ́РИНША́
КА́НИШЬ СО́ВЬЮ ДИВУША́

ГАРБА́ЧАТ
ЗАВО́ЛЧАЙ ДАКА́С
КО́ЛИЦА ГЛАС
ВЕ́РВИРИ МА́ЧАТ
СНИРЬВА́
ЖУРЬВА́
КРУЖЫРЬВА́
КВА́ЧАТ
КВАКВА́ ЖЫНИХВА́ КУДРЯВА́
ГАЛАВА́

НО́ РА́ДУНЬ ЗАСМЕ́ЙКИНУ
ДА́ЖЫТ НО́НЬ
ВЫ́ЗБИГ СУРО́НЬ
ЛА́ПАРЬ ЗМЕ́ЙКИНУ
КРЕ́ПАЙ МАЛЁВАН
ВЕ́РУВИМЬ КРО́ВАН
ЛѢШКОНЬ НИУРО́НЬ АБАРО́НЬ
НИТРО́НЬ
ВѢРУ СУДЕ́ЙКИНУ

14-1-22   Илья Зданевич
PARIS

MANCHE
droite

MANCHE
gauche

b/ La surveillance technique de la fabrication destinée à assurer la qualité des modèles… c/ Les contacts directs avec les clients et l'interprétation de leurs désirs et de leurs goûts permettant d'orienter la production dans le sens voulu et de n'accepter que les solvabilités assurées. Les miennes comporteront : a/ Les questions financières et juridiques. b/ L'organisation matérielle des systèmes de vente et de publicité [16]. »

Pendant l'année 1927, des incidents divers (arriérés d'impôts, recrutement malheureux d'un commissionnaire dénommé Mullot…) entraînent un échange soutenu de correspondances entre les deux protagonistes. Jean Coutrot rappelle l'avoir mise « en garde (dès le mois de mai 1926) contre les dangers d'une maison de commerce d'une marche assurée par une série de coïncidences, de visites et de hasards heureux, et (avoir essayé) de (la) décider à mettre sur pied un organisme commercial destiné à travailler régulièrement les commissionnaires, les commerçants parisiens, et même les particuliers ». Dans cette lettre datée du 26 février 1927, Jean Coutrot dénonce sa mauvaise gestion des stocks, trop importants, et ajoute avec circonspection : « Votre tempérament, si doué par ailleurs, vous expose au point de vue industriel à de graves mécomptes. »

Dans sa réponse en date du 6 mars, Sonia Delaunay lui rétorque que « la surveillance comptable de la fabrication, l'organisation matérielle des systèmes de ventes incomberaient plutôt à la direction commerciale (autrement dit à lui, Jean Coutrot) qu'à la (s)ienne ». Sur un ton un peu chagrin, le 9 mars 1927, Jean Coutrot lui conseille « 1/ de (se) procurer… une vendeuse expérimentée possédant une clientèle personnelle et un répertoire d'adresses et de travailler régulièrement la clientèle particulière ; 2/ de réaliser le plus tôt possible une vitrine à (son) nom chez Hermès, et ceci fait, d'entrer en contact avec quelques détaillants de grand luxe en leur proposant une combinaison analogue à celle d'Hermès (vitrine… réservée, remise sur les prix) ; 3/ ou bien avec

16. AN, 468 AP Dr 3. Des indemnités fixes et sur les bénéfices sont réparties à leurs deux crédits.

un régime de stricte économie et de compression de dépenses et de stocks, et de prix de vente suffisants, de reconstituer petit à petit un fond de roulement suffisant ». Que l'artiste dessine alors quelques modèles de plage pour Hermès influence probablement la deuxième proposition émise par Jean Coutrot [17].

Mais, à plusieurs reprises (9 et 17 mars), Sonia Delaunay objecte cette idée de vendre ses créations sous d'autres enseignes, parce qu'elle redoute de les vulgariser. Jean Coutrot effectue alors une radioscopie de la clientèle (21 mars 1927) : « Les vêtements et les accessoires du vêtement à décors modernes sont actuellement achetés, 1/ par des artistes, critiques, journalistes qui paient peu ou point, 2/ par quelques étrangers particuliers, souvent peu cultivés mais guidés par un instinct et amenés par un hasard ou une série de coïncidences : chiffre d'affaires restreint, mais rémunérateur. 3/ Les commissionnaires qui n'osent pas laisser passer une nouveauté sans s'y intéresser un peu, mais hésitent à commander des quantités importantes d'articles dont la vogue dans le public est encore incertaine ; ils discutent néanmoins des prix tout comme s'ils passaient de grosses commandes... La mise en vente d'articles de ce genre dans les magasins de grand luxe parisiens ne paraît, et dans une faible mesure, contrarier que les clients de la catégorie 1, peu intéressants du point de vue financier. Les clients de la catégorie 2 et 3 au contraire ne cherchent qu'à acheter des articles dont la vogue est confirmée par leur exposition dans les vitrines de grand luxe... Résumé : il n'est pas de publicité plus efficace et plus rapidement rémunératrice que la mise en vente d'articles de marque dans les magasins de grand luxe. » Et le directeur financier et commercial lance alors l'idée d'une conférence de presse. Dans la revue *L'Art et la Mode* (19 février 1927), figure le résumé de cette conférence en effet donnée par l'artiste, « lue en Sorbonne le 27 janvier 1927 et organisée par le groupe d'études philosophiques et scientifiques », qui défend alors sa conception du décor textile moderne.

17. Voir *Jardin des Modes*, 1927.

Salon Myrbor (Natalia Gontcharova). Veste du soir, vers 1925
Paris, musée de la Mode et du Costume (cat. n° 109)

En 1928, Sonia Delaunay et Jean Coutrot projettent de modifier la raison sociale de l'entreprise, dénommée « Tissus Delaunay » à compter du 1er janvier 1929. Il apparaît qu'à cette date, Jean Coutrot n'a plus les attributions juridiques financières et commerciales qu'ils avaient fixées dans la lettre du 12 août 1926. Les administrateurs de la nouvelle société sont Jacques Heim, Louis Contamin, R. Lisbonne, et Maurice Poulard. Jean et son épouse Annette Coutrot et les Delaunay restent néanmoins liés. En janvier 1934, le couple Coutrot inaugure l'appartement du 51, rue Raynouard à Paris, décoré de peintures d'André Lhote et d'un grand paravent de huit feuilles, *La Ville de Paris*, peint par Robert Delaunay [18].

La transformation de la raison sociale donne lieu à la rédaction de bilans, dont l'un, de l'année 1929, mérite d'être mentionné. Tous les secteurs d'activité de la maison de couture y sont repris. Ce document, inédit comme les précédents, permet de mieux comprendre l'organisation de l'impression des textiles : « L'activité actuelle de la maison Sonia Delaunay s'étend aux branches suivantes : a/ Dessins : Mme S. Delaunay conçoit et exécute des dessins de tissus modernes Simultané. Une partie de ces dessins est vendue à l'étranger, principalement aux États-Unis d'Amérique. Ces dessins se vendent entre 1 000 et 2 500 francs. Le bénéfice net de cette vente a été pour l'année 1928 de cent trente deux mille francs. b/ Tissus d'habillement : c'est la branche principale, représentant les 2/5e du chiffre total d'affaire. Les tissus de S. D. sont la reproduction des meilleurs parmi les dessins dont il est parlé ci-dessus. Mme S. Delaunay achète d'une part les tissus blancs qu'elle fait imprimer ensuite chez des façonniers avec l'outillage qui lui appartient. Cet outillage se présente sous forme de planches gravées. Le prix de revient moyen de ces planches est de 400 Frs. environ. Elles peuvent servir pour ainsi dire indéfiniment. La valeur de l'outillage existant actuellement est de 60 000 Frs. Le prix du tissu blanc de première qualité est d'environ 30 Frs le mètre.

18. Madame Annette-Jean Coutrot pose au centre du groupe féminin peint sur le paravent à six panneaux signé et daté « La Ville de Paris R. Delaunay 1910-33 ». Jean Coutrot et les Delaunay échangent ensuite une correspondance à propos du projet de Robert Delaunay d'établir, à Nesles-la-Vallée, une cité d'artistes (*cf.* G. Bernier, M. Schneider-Maunoury, *op. cit.*, p. 221 et archives J. Coutrot).

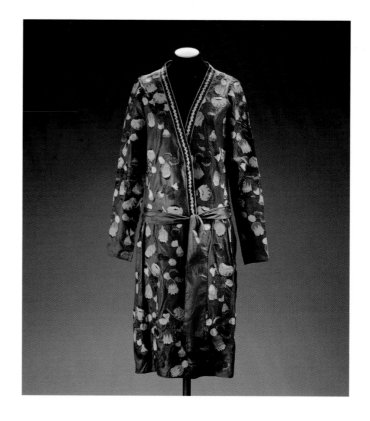

Salon Myrbor (Natalia Gontcharova). Manteau d'intérieur,
vers 1925
Paris, musée de la Mode et du Costume (cat. n° 108)

Celui d'impression de 8 à 10. Le prix de revient brut ne dépasse guère 40 Frs le mètre tandis que le prix de vente varie entre 80 et 150 Frs le mètre. (....) La clientèle de cette branche se compose des grandes maisons de couture de Paris, ainsi que des maisons de commission de premier ordre pour l'exportation. (...) En ce moment en plus des impressions Mme S. Delaunay a réussi à trouver des concours d'industriels importants dans la fabrication du lainage et de la soierie, qui ont accepté de lui faire un échantillonnage de nouveaux tissus d'après ses indications. Ces tissus lui seraient réservés pendant quelques temps et vendus ensuite par les maisons collaboratrices en réservant à Mme S. Delaunay une redevance. Cette collaboration est très précieuse parce qu'elle représente une grande avance de fonds faite et prise à leur charge par les fournisseurs de Mme S. Delaunay. Couture : (robes, manteaux, costumes de bains, écharpes, etc.) Cette branche modeste actuellement faute de place pourrait être dans l'avenir une source de revenus appréciable. L'atelier composé de 8 à 10 ouvrières ne sert qu'à *l'exécution de modèles conçus par Mme S. Delaunay pour la mise en valeur de ses tissus ... »* Dans l'analyse de l'œuvre de l'artiste, c'est bien cet aspect – que nous soulignons – qu'il importe de retenir. L'énoncé de la conférence en Sorbonne mettait déjà en exergue « le rôle prépondérant du tissu dans la mode actuelle. Les grandes surfaces plates des robes seraient tristes, et dénuées de fantaisie si cette surface n'était pas égayée. C'est le moment où la personnalité des tissus commence à compter. La garniture de la robe, au lieu d'être encombrante et appliquée, sera dans la composition du tissu même. Et à ce moment la personnalité du créateur de tissu commence à compter plus que jamais » (*L'Art et la Mode*, 19/2/1927). Comme on apprend un peu par hasard que Sonia Delaunay a fait dessiner Iliazd et Mansouroff [19], on retrouve difficilement les industriels, dénommés par Jean Coutrot « façonniers », avec lesquels elle a pu travailler. Dans l'ensemble, l'artiste marque une préférence nette pour des

19. Voir infra notices n° 229 et n° 235 et ill. p. 86-87.

93

ennoblisseurs travaillant des fibres d'origine naturelle, le coton, la soie et la laine [20]. Avant 1925, l'imprimeur Godau-Guillaume et Arnault édite les premiers tissus simultanés. *L'Art et la Mode* propose en juin 1925 une publicité du « crêpe Sonia », imprimé par le soyeux lyonnais Prévost. Quelques bois gravés de Ferret, imprimeur à Saint-Denis, sont encore conservés au musée de la ville.

On trouve davantage d'éléments relatifs à la présentation et à la coupe des textiles, sur les deux brevets déposés par Robert Delaunay : le premier, en 1924, concerne un dispositif de présentation dynamique du textile (les bandes de tissus tournent autour de deux axes de rotation à des vitesses différentes et des sens alternés) (brevet n° 588 379, INPI) ; le second rationalise la coupe en fonction des motifs, brodés ou imprimés (brevet n° 596 012, INPI). Sonia Delaunay s'associe alors avec la maison de couture Redfern : « Edmond Courtot, de la maison Redfern, conçoit la robe, simultanément avec sa décoration, exécutée par moi. Ensuite j'ai imprimé sur le même tissu la coupe, et le décor adéquat à la forme. Donc, première collaboration du décor de modèles, avec le créateur du tissu. » (propos de l'artiste rapportés dans *Femme de France*, 22/1/1928). « Mais elle n'avait pas voulu insister sur l'utilisation et la diffusion du module. Il est clair qu'elle n'approuvait pas l'idée d'une production et d'une reproduction plannifiée [21]. »

Natalia Gontcharova

En 1930, son mari le peintre Mikhaïl Larionov rapporte que Gontcharova « dessine des projets de costumes pour Lamanova » (la maison de couture moscovite) à partir de 1912. Nadiejda Lamanova lui a demandé de ne pas s'occuper de la forme « car, disait-elle, ce qui l'intéressait, c'était (son) invention dans le seul domaine de l'ornement [22] ». Quand l'artiste s'installe définitivement à Paris en 1917, elle a déjà entamé la création de

20. L'atelier de tissage du Bauhaus, les membres de l'UAM avec Hélène Henry (à partir de1929) utilisent souvent les fibres et matériaux artificiels.
21. *Cf.* Malochet, *op. cit.*, p. 72.
22. Traduit du russe M. Larionov, *Tchisla*, 1930, 1er cahier trimestriel, p. 245. Ce sont peut-être les « 42 projets de costumes féminins modernes » auxquels l'historien Jean-Claude Marcadé fait allusion dans *L'Avant-garde russe*, Flammarion, 1995, p. 193.

Salon Myrbor (Natalia Gontcharova). Dalmatique, vers 1925
Victoria & Albert Museum, inv. T. 157

décors et de costumes pour les Ballets russes de Diaghilev. Peu avant que Sonia Delaunay ne commence ses activités parisiennes dans la mode, elle dessine, à l'automne 1922, « des esquisses de robes, manteaux et châles » pour le Salon Myrbor. « Grâce à son sens inné de la décoration, ses dessins conviennent à merveille aux tissus... [23] » Fondée par Marie Cuttoli, la maison de couture a enregistré sa raison sociale en juillet 1922 (RC 195 056, Archives de Paris) ; jusqu'en 1930, elle est établie 17, rue Vignon dans le VIIIe arrondissement. À cette date, elle change d'objet de commerce et d'adresse pour proposer des « tapis et tapisseries », au 9ter, boulevard du Montparnasse [24]. La collection photographique Thérèse Bonney comprend des vues intérieures du Salon [25].

Des publicités de la maison de couture paraissent à intervalles réguliers dans la presse spécialisée, et les premiers modèles, dessinés aussi par Gontcharova, sont publiés dans *Vogue*, à compter du 1er décembre 1922. Ils ne sont pas légion, mais leur originalité les distingue. On en dénombre davantage pendant l'année 1925. Ainsi, le 1er juin, *Vogue* signale une « robe en crêpe de Chine noir, élargie de groupes de fronces, des applications en lamés d'or et d'argent et en crêpe jaune et brun, formant un dessin russe moderne, d'un effet extrêmement décoratif » ; en novembre, une autre robe avec de « grands dessins cubistes (*sic* !) multicolores (...) formés par des applications de taffetas superposées sur le velours noir de la jupe.

La haute ceinture est irrégulièrement dessinée par de petits rectangles découpés sur un fond de crêpe noir ». *L'Art et la Mode* (25 juillet 1925) reprend en illustration deux modèles exposés « aux arts décoratifs », le premier étant une robe en satin noir, avec applications de satin de couleur rebrodé d'or » et le second, une « cape en crêpe de Chine blanc, brodé noir et or et en crêpe de Chine noir, brodé blanc et or », dont un dessin analogue, inédit, figure d'ailleurs dans notre exposition [26] (cat. n° 101). La cape est baptisée « Pensée ». Le Victoria & Albert Museum, à Londres, conserve

23. Mary Chamot, *Gontcharova*, Paris, 1972, Bibliothèque des Arts, p. 92.
24. Marie Cuttoli (vers 1880-1973), née Bordes, a d'abord ouvert en Algérie des ateliers de broderies et de tapisseries. À Paris, c'est à partir de 1925 qu'elle privilégie la production de tapisseries, commandant des cartons à Picasso, Braque, Léger, Dufy, Matisse... En 1936, elle s'associe avec Jeanne Bucher. Voir *Jeanne Bucher, Une galerie d'avant-garde 1925-1946, de Max Ernst à De Staël*, sous la direction de C. Deruet et N. Lehni, musées de la ville de Strasbourg, Genève, Skira, 1994/ M. Jarry, *La tapisserie : art du xxe siècle*, Fribourg, 1974, Office du Livre.
25. Caisse des monuments historiques, fonds Thérèse Bonnet, inv. BNN 2426 P.
26. Voir aussi *Harper's Bazaar*, New York, juin 1923, p. 63 ; *Vogue*, 1er août 1923, p. 27.

Salon Myrbor (Natalia Gontcharova). Robe, vers 1924
Victoria & Albert Museum, inv. 329-1968

27. Nous remercions Françoise Vittu d'avoir porté à notre connaissance une facture de la maison Myrbor à M. Clouzot, conservateur du musée Galliera, pour deux tapis dessinés par Jean Lurçat (17 déc. 1925 ; dossier expos. générales, MMC).
28. *Art Goût Beauté*, septembre 1922, n° 25. Nous remercions Alexandre Vassiliev de nous avoir signalé les modèles du Salon Myrbor conservés à Londres.
29. *Fabric of fashion*, 10 septembre-6 novembre 1994, The museum of fine arts, Houston, cat. rédigé par Ann E. Colemann, conservateur. Le manteau du soir porte le n° d'inv. 92 107.
30. Toutes les précisions concernant Natacha Rambova nous ont été aimablement transmises par Ann E. Colemann.

quatre modèles, dont quelques-uns ont conservé leur griffe, et une étole de la maison Myrbor. Une des robes (T 158 1967), en crêpe de Chine beige, est garnie d'applications découpées identiques à celles qui sont cousues sur le manteau d'intérieur conservé par le musée de la Mode et du Costume (cat. n° 108). L'histoire de la veste acquise par le musée en 1995 demeure étonnante. Le modèle a d'abord été attribué à Lurçat : il est vrai que Marie Cuttoli a par la suite passé des commandes de cartons de tapisserie à cet artiste [27]. Mais ces « broderies étranges où chantent les coloris les plus éclatants, où s'allument l'éclair des ors, de l'acier et de l'argent [28] » s'avèrent très proches des décors observés sur les modèles du Victoria & Albert Museum, tout en étant de facture plus soignée. À la lumière de nombreux projets inédits, dont une sélection figure dans l'exposition, l'examen comparé des œuvres ne laisse subsister aucun doute sur l'authenticité des modèles du musée de la Mode et du Costume, pourtant dépourvus de griffe.

Mais quelle n'a pas été notre surprise de trouver, dans les collections du musée de Houston, au Texas, un manteau semblable à la veste conservée par le musée de la Mode et du Costume ! Tous deux en velours de soie et brodés à l'identique, associant deux couleurs : le rouge et le noir pour la veste, le jaune et le noir pour le manteau [29]. Le manteau conservé aux États-Unis comporte une griffe, non pas du Salon Myrbor mais de « Natacha Rambova [30] ». Née Winifred Shaunessy en 1897, la danseuse a épousé en secondes noces le fameux acteur Rudolph Valentino. Elle adopte ce nom de consonance slave, Natacha Rambova, en arrivant à Hollywood à la fin des années dix pour se consacrer à la création de décors et de costumes. Après 1925, elle ouvre une boutique de couture à New York. Familière des milieux russes à Paris, elle a pu importer le vêtement (soit en entier, soit les manches, seules parties brodées) pour le griffer à son propre nom.

L'atelier artistique Nathalie Davydoff

En Russie, Nathalie Davydoff a « organisé l'atelier artisanal de Verbovka, village
ukrainien de la province de Kiev. À partir de 1916, ses projets et ceux de Malévitch,
Olga Rozanova, Nadiejda Oudaltsova, Pougny, ont créé le premier design suprématiste et ont été réalisés par les paysans de Verbovka[31] ». Elle émigre donc vers 1923-24,
moment de durcissement politique, et comme beaucoup de ses compatriotes, ouvre
un atelier de couture et de broderies, à Paris. Le registre du commerce enregistre
l'enseigne « Davydoff » en 1924 pour désigner son activité de broderies, au 6, rue
Massenet dans le XVIᵉ arrondissement de Paris (RC 281 585, Archives de Paris). Le 15 mai
1925, *Jardin des Modes* rend compte de l'« atelier d'art composé de dames russes (...) Le
point employé est toujours le même : c'est le point ancien qu'on retrouve sur les
habits sacerdotaux et les ornements de l'église orthodoxe russe, sorte de point arrière
très serré qui donne une broderie pleine et en relief. Sur les tissus les plus différents,
soie, lainage, tulle, cette broderie, faite en laine fine ou en soie très brillante donne
toujours des résultats extrêmement décoratifs et intéressants (...). Des documents
ukrainiens ont quelquefois servi à ces décorations ». La qualité stylistique des décors
n'est pas sans rappeler certaines compositions contemporaines de Sonia Delaunay.
L'atelier aurait-il cessé ses activités après 1929 ? Nous l'ignorons. Espérons qu'une ou
plusieurs créations ressurgiront un jour.

La « génération » suivante : Iliazd, Survage et Mansouroff.

Contrairement à leurs homologues féminins Gontcharova et Delaunay, les artistes
russes recensés dans le cadre de cette exposition, Iliazd et Mansouroff, n'ouvrent pas
de maison de couture, ni d'atelier mais travaillent dans le cadre d'une ou de plusieurs
fabriques textiles ou maisons de couture. La broderie, l'ornementation d'application,

31. Jean-Claude Marcadé, *L'Avant-garde
russe*, op. cit., p. 428. Le registre
du commerce donne 1878 comme année
de sa naissance à Kaunas en Lituanie.
Voir aussi l'article d'Andrei Nakov, p. 56

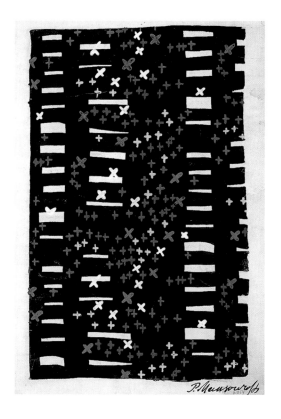

Paul Mansouroff. Dessin textile, 1932-1933
Nice, galerie Sapone (cat. n° 238)

le tricot manuel ou la dentelle sont donc exclus de leur champ d'activités. La fabrication du textile, uni, façonné et son ennoblissement prennent le pas sur la réalisation du vêtement ou de l'accessoire, dont la conception et la mise en œuvre leur échappent. Bref, leur activité dans le domaine des arts appliqués présente un caractère plus analytique (*cf.* la recherche d'une nouvelle armure par Iliazd) que synthétique (*cf.* la maîtrise du « processus de collection » du tissu peint ou imprimé à la coupe du vêtement par Sonia Delaunay). Cette répartition du travail par sexe qui s'opère au sein de la communauté immigrée à Paris n'est pas sans rappeler l'entreprise de Stépanova et de Popova et les débuts difficiles de l'atelier de tissage, à population essentiellement féminine, du Bauhaus de Weimar. Gunta Stölzl raconte ainsi les conditions de son apprentissage : « Nous n'avons pu apprendre toutes les techniques, les fonctions du métier à tisser, les possibilités de croisements de fils, la façon d'enfiler qu'en faisant des essais ; il nous a fallu nous creuser la tête, nous autres pauvres autodidactes, et il y a eu des larmes [32]. » Car alors, la technologie textile demeure bien l'apanage des hommes. Resté marginal dans l'histoire de la couture pendant l'entre-deux-guerres, l'art textile et vestimentaire des artistes plasticiens russes émigrés à Paris relève d'une démarche « spirituelle » spécifique que Sonia Delaunay définit ainsi magistralement : « L'élément spirituel d'un style se développe par l'intermédiaire d'individus visionnaires, qui par leur supersensibilité pressentent les époques futures et les expriment dans leurs créations. Inconscients de leur rôle fondamental, ils réagissent sur la vie qui les entoure et créent une vision nouvelle [33]. »

32. M. Droste, *Bauhaus*, *op. cit.*, p. 72.
33. *L'Art international 15, Tapis et Tissus*, présenté par S. D., Paris, éd. d'art Charles Moreau, 1929, non pag. Introduction. Rendre compte de « cette vision nouvelle » demeure l'ambition de notre exposition.

Natalia Gontcharova. « Phénicienne »,
projet de la robe publiée dans la revue *Tchisla*
Paris, coll. part. (cat. n° 100)

**Natalia Gontcharova. « Pensée », projet de cape du soir
brodée, vers 1925**
Paris, coll. part. (cat. n° 101)

99

Sonia Delaunay, entre le Paris des émigrés russes et la clientèle bourgeoise éclairée

Sherry Buckberrough

Pour le Salon d'automne 1924, l'architecte Robert Mallet-Stevens imagine un carré de boutiques ultramodernes et invite des personnalités des arts décoratifs à s'y installer. On y remarque surtout les étoffes de Sonia Delaunay[1], éditées sous la griffe « Simultané ». Ces « tissus en mouvement » éclipsent un peu les modèles des couturiers voisins[2]. L'effet cinétique des juxtapositions de couleurs et des contrastes de formes est amplifié par le mouvement des tissus, disposés sur un système de rouleaux inventé par Robert Delaunay.

La notion de « simultané » détermine l'esthétique des Delaunay, leur art, leurs théories et leurs prédilections. Pour résumer, ils partent de l'idée que les vibrations optiques engendrées par les contrastes simultanés de couleurs sont des manifestations des rythmes cosmiques. Ces vibrations offrent une traduction visuelle des relations entre les êtres humains et la dynamique de la vie moderne. La décoration conçue selon les principes du « simultané » doit pouvoir inscrire n'importe quel objet concret (mur, sol, meuble, corps humain) dans une correspondance harmonieuse avec les énergies de l'univers. Il s'agit de se projeter dans un monde qui tend à la perfection matérielle et spirituelle, tandis que les effets visuels dynamiques évoquent le mode de vie moderne : la vitesse, le voyage et la libération des mœurs.

Avant 1924, Sonia Delaunay a créé des vêtements ornés de motifs appliqués ou brodés, qui lui ont fourni un point de départ pour ses premiers tissus imprimés. Ces dessins renvoient à des sources d'inspiration diverses, tantôt africaines, orientales ou parfois ukrainiennes, tantôt médiévales, antiques ou archaïques. Leur réinterprétation et, plus encore, leur juxtaposition donnent naissance à un univers de rythmes infinis, où les frontières spatiales se désagrègent sous l'effet des vibrations visuelles des contrastes de couleurs simultanés.

Avant la Première Guerre mondiale, Sonia et Robert Delaunay ont étudié à Paris les composantes colorées de la lumière émise par le soleil, la lune et les nouveaux réverbères électriques. Ils ont perfectionné leur mode d'utilisation des couleurs pures dans la solitude ensoleillée du littoral portugais, où ils se sont réfugiés lorsque la guerre a éclaté. Quand la Révolution russe l'a privée de ses sources de revenus, Sonia a donné une application commerciale à ces travaux en ouvrant à Madrid une boutique de décoration qui a remporté un succès immédiat.

1. De 1923 à 1933, Sonia Delaunay a conservé systématiquement la trace de tous ses dessins de tissus et de la plupart de ses projets de vêtements et accessoires.
2. Le stand de Sonia Delaunay voisinait avec ceux de Madeleine Vionnet, de Paul Poiret et des ateliers Primavera.

Sonia Delaunay. Veste d'arlequin, vers 1928
Paris, musée de la Mode et du Costume (cat. n° 124)

3. Sonia Delaunay s'est orientée vers les arts décoratifs par le biais des motifs appliqués et brodés pendant l'activité des ateliers ukrainiens de Skopcy et de Verbovka (voir l'article de C. Douglas dans *Art Journal*, vol. 52, n° 1, printemps 1995, p. 34). Alexandra Exter, présente aux soirées des Delaunay à partir de 1911, pourrait bien avoir diffusé en France ces idées. En Espagne, Sonia Delaunay a embauché des couturières et brodeuses russes. Elle a eu connaissance des costumes néoprimitivistes dessinés par Gontcharova et Larionov pour les Ballets russes (1915 et 1916). Elle a continué l'œuvre de Bakst quand Diaghilev lui a demandé de dessiner les costumes pour la reprise de *Cléopâtre* en 1918. Très active au sein de l'influente Union des artistes russes, elle a fait appel à Iliazd, l'un de ses fondateurs, pour travailler dans son atelier. Par son intermédiaire, elle a pu se tenir au courant des innovations soviétiques en matière de poésie et d'arts plastiques.
4. De plus, Iliazd achevait alors son célèbre cycle de poèmes dramatiques en « zaoum » qu'il appelait *vertep*, du nom d'une forme de théâtre de marionnettes originaire d'Ukraine. Voir J. Drucker, *The Visible Word : Experimental Typography and Modern Art, 1909-1923*, Chicago & Londres, University of Chicago Press, 1994, p. 177, et V. Markov, *Russian Futurism*, Berkeley, University of California Press, 1968, p. 357.
5. Voir Drucker, *op. cit.*, p. 168-192, et O. Djordjadzé, « Ilia Zdanévitch et le futurisme russe », dans *Iliazd*, Paris, Mnam, Centre Georges Pompidou, 1978, p. 9-22.

Sonia est née dans une petite ville d'Ukraine, elle a grandi dans le luxe de la grande bourgeoisie de Saint-Pétersbourg, voyagé à l'étranger, et cultivé ses talents artistiques. Elle arrive à Paris en 1905. Dès lors, elle tient un salon très réputé, rendez-vous d'une communauté d'émigrés russes qui occupe une place importante dans les échanges artistiques internationaux. À son retour à Paris dans les années vingt, elle renoue avec cette tradition. Même si elle n'a pas revu son pays depuis 1907, elle continue à entretenir des relations très suivies avec les avant-gardes russes et soviétiques[3].

Au Salon d'automne de 1923, Sonia Delaunay expose un tableau figurant deux mannequins, grandeur nature, qui portent respectivement un costume géométrique et une « robe-poème ». Ces vêtements sont des modèles qu'elle a réalisés, et ils sont présentés là dans un intérieur « simultané ». La coupe sobre et la géométrie austère s'apparentent à des créations soviétiques du moment. De plus, les yeux étrangement agrandis des mannequins rappellent les poupées et marionnettes qui peuplent les œuvres d'Alexandra Exter et de Natalia Gontcharova à la même époque[4]. Sonia Delaunay s'est servie du poème de Tristan Tzara pour souligner les bordures de la robe, autrement dit les endroits qui bougent le plus. Prolongeant les expériences dada, russes et soviétiques, elle a combiné la typographie et la forme abstraite dans la mode.

Au cours des deux années précédentes, Ilia Zdanévitch (dit Iliazd) qui travaille dans l'atelier de Sonia Delaunay a poursuivi ses expériences d'écriture en « zaoum », publiant deux poèmes dramatiques et donnant de nombreuses conférences sur le sujet. Son « zaoum » libère la typographie de ses conventions et introduit une poésie de l'absurde qui permet au lecteur une appréhension physique des formes[5]. Sonia Delaunay oscille entre la poésie utilisée comme décoration de surface, et les

compositions géométriques abstraites. En se situant à la lisière du signifiant, ces motifs incitent le spectateur à se dégager du carcan du langage pour entrer dans le domaine mystérieux et libérateur de la pure vision.

Mais par comparaison avec les arts décoratifs soviétiques, l'élégance de ses modèles atteste ses relations avec une clientèle bourgeoise. Les créateurs soviétiques d'avant-garde reconstruisent les vêtements. Sonia Delaunay recouvre les siens, ajoute une strate supplémentaire où elle opère sa transformation cosmique. Cette strate s'enlève aussi aisément que l'enveloppe extérieure d'une poupée russe.

Pour plusieurs manifestations de cette période, notamment sa boutique à l'Exposition internationale des arts décoratifs et industriels modernes de 1925, elle place les mannequins côte à côte, de manière à superposer les géométries, juxtaposer les motifs et bien sûr, augmenter les contrastes de couleurs. Dans ses nombreuses esquisses, gravures et peintures figurant des groupes de femmes en robes « simultanées », les silhouettes verticales, légèrement inclinées avec toute la raideur des mannequins de vitrine, introduisent une dynamique abstraite comparable à celle des tissus en mouvement présentés en 1924. Le groupe de personnages produit un effet de répétition cinématographique qui englobe et anime le reste de la pièce. Le procédé de juxtaposition des motifs joue un rôle cardinal dans les conceptions utopiques de Sonia Delaunay. Le rapport figure/fond se brouille quand la planéité des images rend la surface indissociable de son contenu, et que le décor environnant vient encore intensifier la force visuelle des motifs. Les personnages réels ou représentés s'intègrent dans la dynamique de l'environnement coloriste-cosmique où ils évoluent.

En 1925, les photographies de mode traduisent concrètement le projet de l'artiste. Les bras, jambes et têtes se perdent dans la prolifération des interpénétrations de

Sonia Delaunay. Manteau, 1924
Paris, musée de la Mode et du Costume (cat. n° 115)

dessins mouvants. Des motifs appliqués ou imprimés dessinent des successions d'angles et de courbes sur les vêtements. L'ensemble contraste avec le décor rectiligne des tissus tendus sur les murs, le paravent et le siège avec toute la facilité d'improvisation que donnent des habitudes nomades[6]. L'environnement fait songer non seulement à l'intérieur d'une yourte, mais aussi à l'opulence des décors de ballet de Léon Bakst. Sonia Delaunay reprend le vocabulaire plastique de Bakst et le coupe de ses racines orientales par le recours à des proportions plus vastes, une géométrie limpide et des combinaisons de couleurs rigoureusement coordonnées. Pourtant, l'imagination et la sensualité, si manifestes chez Bakst, contribuent encore à la réussite des créations modernistes de Sonia Delaunay.

Ses étoffes ne tardent pas à s'inscrire dans un cadre architectural plus permanent, recouvrant les murs de son domicile où elles servent de toile de fond pour des photographies de mode et de décoration. Les compositions de Sonia Delaunay comportent souvent un dessin rythmé qui part du haut à gauche pour aller vers le bas à droite, un peu à la manière d'un escalier. L'axe incliné introduit automatiquement une instabilité qu'il faut neutraliser par une symétrie dynamique, sous la forme d'un ou de plusieurs mouvements contraires. L'effet produit évoque le langage de la danse. N'oublions pas que Sonia Delaunay était une adepte du tango, du charleston et du tout nouveau jazz américain.

C'est l'actrice Paulette Pax qui a présenté le manteau à broderies et applications de fourrure créé par Sonia Delaunay[7] dans le hall de l'ambassade de France aménagé par Mallet-Stevens à l'Exposition de 1925. Un lien visuel s'établit immédiatement, entre les rangées de triangles du vêtement et la cloison mobile, qui perturbent l'évaluation des distances. Les teintes et les matières employées pour le manteau répondent à des éléments du cadre naturel et artificiel, de sorte que l'effet général

6. Sur l'idée de nomadisme par rapport à l'œuvre de Sonia Delaunay, voir S. Buckberrough, « Delaunay Design : Aesthetics, Migration and the New Woman », *Art Journal*, vol. 52, n° 1, printemps 1995, p. 51-55.
7. Modèle n° 79, août 1926. Sonia Delaunay a reçu deux commandes pour des films en 1926.

occupe la totalité du champ visuel. Sonia Delaunay pensait que l'objet décoré devait être capable de transmettre une dynamique à tout l'environnement, surtout si l'environnement en question était conçu selon des principes esthétiques analogues.

S'étant donné pour mission d'améliorer la qualité des relations entre les gens et leur cadre de vie par le biais de la décoration, elle avait la conviction que c'était possible à l'intérieur du système capitaliste. Dans les années vingt, sa période la plus active, elle n'a réussi à rallier à ses idées qu'une fraction de la bourgeoisie éclairée. Pourtant, le legs de ses conceptions esthétiques (sans les espérances utopiques) se retrouve partout dans la société où nous vivons aujourd'hui.

Gabrielle Chanel à l'avant-garde russe

P. B. avec l'autorisation de la société Chanel

« Il y a chez tout Auvergnat un Oriental qui s'ignore : les Russes me révélaient l'Orient[1]. »

abrielle Chanel succombe au charme slave

G. Chanel découvre les Russes en 1920 quand son amie Misia Sert, née Godebska, l'introduit dans le cercle des Ballets russes. Jean Cocteau se souvient : « C'est grâce au faste visible que Gabrielle Chanel a aidé le faste secret des artistes. (...) Sans elle, jamais Serge de Diaghilev n'aurait pu soutenir la reprise du *Sacre du Printemps* de Stravinsky, sans elle Picasso, Satie et moi n'eussions jamais assisté au triomphe de *Parade*[2] ». G. Chanel est fascinée par les Russes : « Tout Occidental doit avoir succombé au "charme slave" pour savoir ce que c'est. Tous les Slaves sont distingués, naturels, et les plus humbles ne sont jamais communs[3]. » Aussi, les engage-t-elle dans ses ateliers, et en 1921, elle s'inspire du folklore russe en interprétant la *roubachka*, la blouse ceinturée des moujiks. L'idée, empruntée à la garde-robe de son amant le grand-duc Dimitri Pavlovitch, est si bien accueillie qu'elle doit créer un atelier de broderie dirigé par la grande-duchesse Marie, sœur de Dimitri. Et quand, pour satisfaire son exigence de qualité, G. Chanel crée la société « Tissus Chanel », c'est tout naturellement qu'elle se tourne vers des artistes russes, et particulièrement vers Ilia Zdanévitch, dit Iliazd, futuriste, père du lettrisme, et éditeur moderne dont tout bibliophile rêve de posséder un ouvrage.

Ilia Zdanévitch (1894-1975), un collaborateur d'exception
Arrivé à Paris en octobre 1921, Iliazd rencontre Sonia Delaunay avec laquelle il collabore. Mais quand, en octobre 1924, la France reconnaît l'URSS, il devient interprète à l'ambassade soviétique. Il présente à l'Exposition de 1925 des planches de « Ledentu » et quelques-unes de ses éditions du *Degré 41*. Prophétiquement, il écrit que « le Futurisme est encore l'art officiel, mais pas pour longtemps ; en 1926, il sera prohibé ». Puis, il abandonne son activité à l'ambassade pour renouer avec le monde du textile.

Misia Sert le recommande auprès des établissements Blacques-Bélair[4] qui l'engagent, en mai 1927, comme artiste dessinateur en jersey. Lorsque le 1er mars 1928, ces établissements se transforment en « Tissus Chanel », commence pour lui une collaboration d'exception avec G. Chanel. Elle lui confie d'abord la création de ses modèles de tissus puis, à partir de mai 1931, la direction de l'usine d'Asnières. Il organise la production des tissus et des jerseys par la société Chanel-Broadhead et

106

1. G. Chanel dans Paul Morand, *L'Allure de Chanel.*
2. Jean Cocteau, « Le retour de Mademoiselle Chanel », dans *Fémina*, Mars 1954.
3. *Op. cit.* note 1.
4. Marie Godebska dite Mimi, nièce et proche de Misia, épouse Aimery Blacques-Belair en 1925.

collabore également avec G. Chanel durant la saison 1932-33 en créant les modèles de « British Chanel » et les collections de tissus imprimés et brodés faits à Lyon par la maison Dubois. Enfin, il organise la mise en place de l'usine « Tissus Chanel » à Maretz (Nord) qu'il dirige jusqu'en 1933. Trois raisons expliquent son départ : d'une part, la France est entrée dans une profonde récession, d'autre part, G. Chanel délaisse, au début des années trente, le jersey au profit d'étoffes tissées, tels le tweed, la guipure ou le tulle de Lyon, et enfin, Dominique Iribe, placé par son frère Paul à la tête des « Tissus Chanel », supporte mal le rapport privilégié qu'Iliazd entretient avec la créatrice.

La poésie mathématique
La qualité de ce rapport s'explique par l'adhésion d'Iliazd au style exigeant de G. Chanel. Dès 1928, alors que les « Tissus Chanel » ne possèdent pas encore d'usine et donc sous-traitent, Iliazd écrit à un fournisseur : « On propose à votre attention nos nouveaux dessins faits pour la saison 1929. On voudrait attirer votre attention vers toutes les nouveautés introduites par rapport aux années précédentes. La méthode de notre travail, tout comme nos dessins d'autrefois, a été faite unique-ment pour les matières des robes. C'est pourquoi leurs dessins ont été destinés seulement au corps humain avec tous les mouvements les caractérisant. La géomé-trie des plis et les circonstances de leurs progression et régression optiques et leurs reflets nous ont poussés à donner une nouvelle présentation de nos dessins. La recherche d'Iliazd s'appuie alors sur deux disciplines qu'il affectionne : l'histoire et les mathématiques. La première lui permet d'entrer en contact avec François Hugo, collaborateur de G. Chanel principalement pour la création de bijoux, à qui il écrit : « La raison de notre connaissance, la question concernant les dessins géomé-

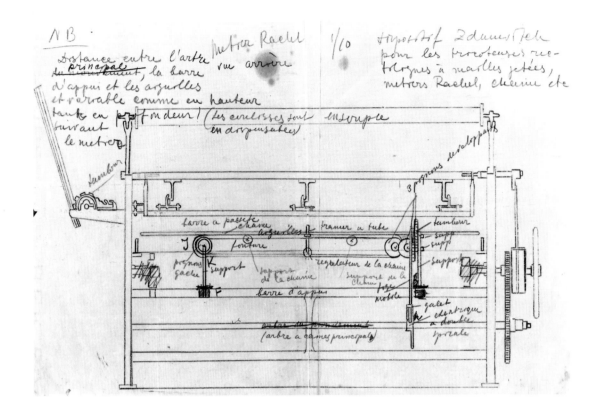

triques (l'esthétisme de la géométrie par conséquent) et votre nom, m'ont obligé à me souvenir de l'un de vos parents, un révolutionnaire en géométrie, le duc Léopold Hugo, tellement oublié, et sans raison (...). Ce mathématicien remarquable par l'originalité de sa pensée méritait un autre sort. Et sa brochure *Les bases du romantisme en géométrie*, éditée à Paris en 1875, avec un chapitre "La sphère comme non philosophique" se trouve être un pamphlet géométrique dirigé contre la dictature "sphère". Ce travail, comme quelques autres, m'a poussé à me passionner et me servir de leurs formes pour mes dessins commerciaux. »

Constatant que les dessins faits de rayures sont privés de souplesse et de chatoiement, il met au point une méthode pour la construction de dessins pour un métier Jacquard à 2080 aiguilles (dispositif à fil monté sur métier à platine, système Berthelot - Éts. Lebocey Frères). Ces dessins sont formés de carrés ou rectangles, montant ou descendant, selon un angle d'incidence défini par de savants calculs mathématiques. Ses recherches sont dirigées de façon à « appliquer les carrés pour qu'en comptant le déplacement, toute la surface soit divisée en carrés ».

L'abécédaire de la couleur

Sensible à la peinture, Iliazd définit quelques règles sur le bon usage de la couleur (« Couleur pour Jacquard ») : « Le principe de mélange des couleurs pour Jacquard démontre que les meilleurs résultats sont donnés par l'utilisation de trois couleurs pour l'obtention de quatre tons (...). Pour cela, le principe (...) est de prendre des couleurs très claires ou très sombres, mais différentes entre elles. Pour expérience, je choisis la gamme de huit couleurs, les claires : citron, cardinal, grenouille, Marie-Louise, et les sombres : Van Dyck, rouille, gris, paon. Huit couleurs donnent la possibilité de préparation de quarante-huit échantillons. »

109

On comprend que la collaboration d'Iliazd ne se limite pas à l'exécution de dessins, mais qu'il envisage son travail dans une perspective de production, aussi s'intéresse-t-il aux questions mécaniques et cherche-t-il continuellement à perfectionner les créations des « Tissus Chanel ». Le 2 novembre 1927, il note : « Aujourd'hui, je viens de trouver une possibilité de faire les dessins en deux couleurs, en utilisant uniquement la presse qui donne un effet ombre/lumière. »

G. Chanel a besoin de jerseys qui aient de la tenue. Quand il adapte une technique de tissage caucasienne aux métiers mécaniques en mettant au point le « Grand trameur Rachel » Iliazd annonce en préambule de son brevet : « Le but du nouveau trameur est de faire les tissus Rachel tramés dans toute la largeur du tissu par un ou plusieurs fils, ce qui diminue l'élasticité du tricot en le rapprochant du tissu, mais en le conservant poreux et souple. »

Malgré cet apport remarquable, Iliazd ne permet pas à l'usine d'Asnières de surmonter la crise des années trente et la désaffection du jersey. Aussi, quand elle ferme ses portes, c'est la mort dans l'âme qu'il quitte les « Tissus Chanel ». Le comte Koutousov, directeur de la maison de couture de la rue Cambon lui écrit : « J'ai été le témoin de votre intelligente activité. Vos éminentes qualités de technicien et de modéliste m'ont été, à maintes reprises, vantées par G. Chanel, pour qui vous avez été le plus précieux des collaborateurs » ; le directeur de Chanel-Broadhead lui propose même de diriger son usine anglaise.

Iliazd se consacre à l'édition d'ouvrages illustrés. Le plus dur, pour lui, est de mettre un terme à sa collaboration avec G. Chanel à qui il écrit : « Il me faut beaucoup de courage pour accepter l'idée de me séparer de vous après tant d'années de collaboration étroite et permanente pendant lesquelles j'ai apprécié tout votre génie. » Mais leur amitié perdure.

En effet, G. Chanel sera la marraine de sa fille ; en 1940, Iliazd publie *Afat*, recueil de six sonnets illustré de gravures de Picasso. L'un est dédicacé à G. Chanel. Il lui offre aussi un exemplaire de ses publications illustrées par Miró, Matisse, Braque, Giacometti... En 1944, elle lui écrit : « Crois-tu que c'est gentil. Tu ne donnes aucune nouvelle. Viens déjeuner demain à midi. Je serais si contente de parler un peu avec toi. Je t'embrasse, Gabrielle. »

Paul Mansouroff et Léopold Survage
Iliazd fait appel au talent de Paul Mansouroff pour dessiner des modèles de tissus pour la société « Tissus Chanel » entre 1931 et 1932.
Le passage de Léopold Survage dans la société des « Tissus Chanel », pour éphémère qu'il soit – du premier août au quinze novembre 1933 –, n'en mérite pas moins d'être signalé. Survage a épousé Germaine Meyer, la soeur de la pianiste Marcelle Meyer, avec qui Misia Sert donnait des concerts de piano à quatre mains. Aussi, est-il raisonnable de penser que cette collaboration est le fruit de l'intervention de Misia. En hommage à G. Chanel, Survage réalise plusieurs dessins au crayon et à l'encre de Chine.
Survage et Iliazd se retrouvent en 1939, pour créer *Rahel*, deux poèmes écrits par Iliazd et illustrés par deux gravures sur bois de Survage.

Nous remercions Michel et François Mairé qui nous ont permis de consulter les archives personnelles d'Ilia Zdanévitch, et Marina Lavrov qui a assuré la traduction de ses textes manuscrits.

Gabrielle Chanel. Ensemble, vers 1930
Paris, musée de la Mode et du Textile, coll. UFAC
(cat. n° 233)

allemagne
pays-bas
suisse

Autour de Sophie Taeuber
et Johannes Itten

Gabriele Mahn

la suite du mouvement Arts and Crafts en Angleterre, des Wiener Werkstätten et de la création du Werkbund en Allemagne, Suisse et Autriche, les artistes d'avant-garde, poursuivant ainsi l'action de la « Reformkleidung[1] », portent un regard nouveau sur ce que Henry Van De Velde et les artistes viennois entendaient par « Künstlerkleid[2] » (« Vêtement d'artiste »).

Leur intérêt pour le vêtement s'intègre dans la recherche commune à toutes les avant-gardes, d'une « Gesamtkunstwerk », (« Œuvre d'art totale ») englobant toutes les formes de création et introduisant l'art dans tous les domaines de la vie.

Confrontation du vêtement conventionnel avec Dada

Lors de leurs fameuses soirées, les dadaïstes zurichois opposent le vêtement quotidien à des costumes d'une fantaisie extraordinaire ; ainsi Hugo Ball, Emmy Hennings, Tristan Tzara, Jean Arp et Sophie Taeuber, Marcel Janco et Hans Richter dansent et disent des poèmes, masqués, revêtus de tuniques, de jupes, ou encore de vêtements en carton inspirés par l'ethnographie ou par des civilisations anciennes. Ils ont certainement véhiculé un nouvel imaginaire vestimentaire.

De nombreux dadaïstes inventent un habillement anticonformiste, lié à leur propre démarche artistique. Sophie Taeuber introduit des mots-clefs comme « dada », des dates, et ses initiales « s h t » dans le décor des accessoires, comme les réticules tissés de perles en verre (cat. n° 146-148). Jean Arp arbore des chaussures dont le bout arrondi et bombé annonce les formes de ses sculptures en ronde bosse et pour les vêtements, des boutons en métal blanc sur lesquels sont gravées en relief les lettres « ARP » dans des caractères proche de ceux du Bauhaus (futura[3]). Ces boutons rappellent la formule de Marcel Duchamp : « Pour Arp, l'art est arp[4]. » En Hollande, Théo Van Doesburg se présente d'une manière originale dans les soirées de la « Tournée Dada » qu'il a entreprise en 1923, avec son épouse Petro Van Doesburg, Kurt Schwitters et Vilmos Huszar : « Il est (...) tout de noir et de blanc vêtu : le costume, la chemise et les chaussures sont noirs, la cravate est blanche et les chaussettes ... » Cette apparence fascine les journalistes, et l'un d'eux déclare qu'il évoque un « négatif photographique », un « monsieur chez qui tout ce qui devait être noir était blanc et vice-versa[5] ». Le fondateur de la revue *De Stijl* joue à porter, superposées ou en alternance, deux cravates, une noire et une blanche.

1. Voir les théories de William Morris, John Ruskin ou Gottfried Semper. *Cf.* Sabine Welsch, *Ein Ausstieg aus dem Korsett Reformkleidung um 1900*, Darmstadt, 1996, à propos de la réforme du vêtement.
2. Le terme « Künstlerkleid » apparaît autour de 1900, avec l'exposition organisée par Henry Van De Velde sur le vêtement artistique, à Krefeld.
3. Boutons sans indication de date, coll. Fondation Arp, Clamart.
4. Marcel Duchamp, « Jean (Hans) Arp », texte écrit en 1949, pour le cat. de la *Société Anonyme*, Yale University Art Gallery, 1950, dans Marcel Duchamp, *Duchamp Du Signe*, Paris, 1975.
5. Isabelle Ewig, *Kurt Schwitters et la Hollande*, D.E.A., Université de Paris IV-Sorbonne, 1992-93, p. 45-46. Je la remercie d'avoir répondu à mes interrogations.

La « Reformkleidung » et la nature, et Monte Verità

Deux hauts-lieux des mouvements ésotériques se trouvent en Suisse ; ils sont fréquentés par des artistes et des intellectuels, notamment allemands : Monte Verità, près d'Ascona dans le Tessin, et l'« Internationale Mazdasnan-Tempel-Gemeinschaft », centre du mouvement mazdéen situé à Herrliberg, près de Zurich. Loin du monde industriel et de ses conventions vestimentaires, on y mène une autre vie. Le port de sandales, de vêtements simples et confortables permet la liberté de mouvement. La réflexion sur le vêtement au sein de ce cadre ésotérique est déterminante pour Sophie Taeuber et Johannes Itten.

En 1913, au sein de la « Individualistische Cooperative Monte Verità[6] », le peintre et danseur Rudolph von Laban crée une école d'art avec un atelier de tissage et de couture. Des élèves, danseuses ou artistes-peintres ont certainement participé à la création de vêtements se prêtant à l'expression corporelle en plein air. Les tissus utilisés sont naturels et les coupes simples. Sur une photographie, Sophie Taeuber porte une de ces robes typiques. L'ombrelle et le collier à grosses perles en bois donnent ici un aspect oriental à sa simplicité monastique. D'autres adeptes portent des colliers faits de châtaignes. Cette quête de l'essentiel est partagée par les nombreux artistes de l'avant-garde et des enseignants du Bauhaus qui fréquentent la colonie durant les années vingt.

Toujours à Monte Verità, en août 1917, et avec Maya Cruscek (la compagne de Tristan Tzara), Sophie Taeuber crée pour le congrès O. T. O. (Ordo Templi Orientis) des costumes jouant le rôle de révélateurs cosmiques, pour célébrer la fête du soleil : « Un groupe de femmes vêtues de manteaux amples de soie colorée se précipitèrent au sommet de la colline. À l'horizon apparaissait le disque du soleil levant et sa lumière enflammait les grandes robes des danseuses[7]. »

Portrait de Théo Van Doesburg portant deux cravates, noire et blanche, superposées. À gauche, Nelly Van Doesburg et Hans Richter, Berlin, 1922 ?
Coll. Rijksdienst Beeldende Kunst, Den Haag

Johannes Itten s'intéresse au vêtement au travers du mouvement mazdéen [8] (il le fréquente dès 1910-1912). Suivant les règles d'hygiène et de santé mazdéennes, il invente quelques vêtements qu'il veut très confortables pour pouvoir travailler, comme par exemple, des tuniques boutonnées sur les côtés [9]. Une photographie de 1920 montre ainsi le jeune Itten au Bauhaus, posant devant un cercle de couleurs suspendu au mur, vêtu d'une sorte de robe de moine sans boutonnage visible et pourvue d'un col appliqué arrondi.

Quittant Weimar en 1923, il vit dans le centre mazdéen suisse jusqu'en 1926 et y crée une école ; avec l'aide de Gunta Stölzl, la grande figure de l'atelier de tissage du Bauhaus, il installe l'atelier de tissage Ontos. Artiste et pédagogue, il met de plus en plus l'accent sur la création textile [10].

Les expériences de Johannes Itten et de Sophie Taeuber montrent comment, à ce moment, recherche artistique d'avant-garde et recherche ésotérique se rejoignent.

Sophie Taeuber, du textile à l'art constructif
Sophie Taeuber est marquée dans son enfance par la production textile artisanale de sa région (les fameuses dentelles de l'Appenzell). À Saint-Gall, le centre suisse de la dentelle, elle étudie les techniques nouvelles de tissage, de dentelle et de broderie. Elle apprend le dessin, l'histoire de l'art et l'histoire du textile. Elle complète ses études à Munich et à Hambourg [11]. L'expérimentation du collage de papiers colorés l'inspire probablement pour sa première création vestimentaire en 1913 ou 1914, un costume en patchwork de tissus colorés. Assemblant des carrés ou des rectangles de soie et de coton, de couleurs et de contextures variées, elle crée une composition orthogonale annonçant les dessins et peintures de sa série *Composition horizontale-verticale* dès 1915. Elle semble avoir repris cette idée, vers 1922 à

8. « Mazdasnan Tempelgemeinschaft », fondé en 1899 par Otoman Zar-Adusth Hanish ; sa doctrine est d'origine persane. Willy Rotzler, 1978, cat. expo. J. Itten, Krefeld, 1992, p. 20.
9. Selon Anneliese Itten, août 1996.
10. Il étudie entre autres les techniques, les proportions et les ornementations des tapis orientaux ; il crée plusieurs tapis noués, exposés en 1925 à Paris et qui sont primés.
11. Collectif, *Kunstschulreform 1900-1933*, Berlin, 1977.

Théo Van Doesburg. Projet de sac à main II, vers 1927
Centraal Museum Utrecht

Zurich, car c'est vraisemblablement l'un de ces pantalons qui est conservé à la Fondation Arp à Clamart : en soie et coton, de couleurs or, jaune, ocre, contrastant avec les vert, bleu et noir ; la composition du pantalon est bipartite (cat. n° 149). Le principe d'inversion des formes, des valeurs et des couleurs traverse toute son œuvre plastique.

Invitée à se joindre au Werkbund suisse dès 1916, elle y expose des réticules, des colliers de perles de verre, des écharpes de soie imprimée qui sont commercialisés par la succursale zurichoise des Wiener Werkstätten, dirigée par Dagobert Peche. Si l'art viennois a pu l'influencer, elle s'en démarque cependant en introduisant des notes insolites et ludiques : des figures avec un seul œil, des mots comme « dada ». Ces objets témoignent aussi de son intérêt pour l'artisanat d'Europe de l'Est, pour l'ethnologie et les populations d'Océanie, d'Afrique ou les Amérindiens. Dans son enseignement à Zurich, cet art appliqué, à décor géométrique et aux couleurs vives, lui sert de référence autant que les recherches du Bauhaus [12].

Animée par le désir d'élargir son champ d'activité, Sophie Taeuber essaie de rencontrer le couturier parisien Paul Poiret, en 1922, après lui avoir envoyé des échantillons de couleurs. Sans succès [13].

Membre du jury helvétique de l'Exposition internationale des arts décoratifs et industriels modernes de Paris en 1925, elle expose ses tissages avec Johannes Itten ; elle profite de cette occasion pour nouer des contacts avec les autres exposants. C'est peut-être par l'intermédiaire du fabricant suisse de tissus Naef & Cie, à Flawil, qu'elle collabore avec Altherr & Guex pour lequel elle crée des dessins textiles [14]. Les motifs des échantillons en coton imprimé, probablement les seuls connus et conservés (cat. n° 152) qu'elle essaye de commercialiser sont proches des motifs viennois et de l'ornementation ethnographique.

12. Sophie Taeuber, Blanche Ganchat, *Dessin pour les métiers textiles*, Zürich, 1927.
13. C'est par l'intermédiaire de Tristan Tzara qu'elle cherche à rencontrer Paul Poiret lors de son séjour à Saint-Moritz, en 1922. Lettre de S. Taeuber à T. Tzara, 1/3/1922, fonds Tzara, Bibl. Doucet.
14. Lettre de M. Altherr à S. Taeuber, 8/1/1926, archives de la Fondation Arp, Clamart.

Quand le couple Arp s'installe près de Paris[15] vers 1928, l'artiste consacre ses jeudis à la couture. Avec sa belle-sœur, Mary Arp, elle crée ses propres vêtements[16]. Parallèlement à sa carrière d'artiste-peintre et d'architecte, Sophie Taeuber crée des modèles pour Anny Blatt, spécialiste de la maille. À notre connaissance, ses créations n'ont pas été conservées, ni répertoriées, excepté deux pull-overs polychromes, à rayures horizontales et diagonales, photographiés en 1927 et en 1931. Elle crée aussi pour *Marie-Claire* des accessoires comme des modèles de gants tricotés en fil de coton. Les uns sont moitié bleu, moitié blanc, d'autres ont des doigts multicolores ou portent des initiales (un modèle reproduit dans *Marie-Claire* n° 148, 1939, porte ses propres initiales « S. H. » – Sophie Henriette – les deux autres lettres pour « Taeuber-Arp » devant certainement se trouver sur l'autre gant). Le peintre Alberto Magnelli, qui a découpé ces reproductions pour les intégrer dans des collages de 1941, nous laisse un précieux témoignage de la combinaison des couleurs, des variations rythmiques et du jeu des formes géométriques[17].
La guerre viendra interrompre cette activité.

Johannes Itten et l'atelier de tissage du Bauhaus
Arrivé au Bauhaus dès 1919, Itten s'impose comme pédagogue et guide spirituel ; il bénéficie d'une grande notoriété. Dans son enseignement, il adopte des méthodes inspirées par son expérience chez Adolf Hölzel à Stuttgart, où il a étudié la théorie de la couleur et découvert les lois universelles de l'art, valables aussi pour le textile. Sa tenue vestimentaire le distingue. Il porte des vestes élégantes, à la coupe étudiée. Un de ses costumes, baptisé « Bauhaustracht », est d'ailleurs adopté par des élèves du Bauhaus, comme signe d'appartenance à l'école. C'est un costume dépourvu de boutons qui pouvait être fabriqué dans

15. Sophie Taeuber s'occupe alors principalement d'architecture ; après le grand chantier de décoration intérieure de l'Aubette à Strasbourg, elle fait construire sa maison-atelier à Meudon. C'est à la suite de son activité textile qu'elle est passée à la peinture, à la sculpture et à l'architecture. *Cf.* cat. expo. Sophie Taeuber, Mamvp, 1989.
16. Selon Ruth Arp, témoin de ces séances (Paris, 1995).
17. Anne Maisonnier, *Magnelli Collages*, Paris, 1990 et cat. *Magnelli*, Mnam, Paris, 1989.

École d'impression textile de Krefeld (Heinz Trökes).
Échantillon textile, 1932-1938
Krefeld, Deutsche Textil Museum (cat. n° 249)

des textiles, de qualité et de couleur différentes. L'influence des vêtements traditionnels orientaux, indiens ou chinois, y est manifeste, bien que la coupe soit liée aussi aux principes mazdéens.

Ces costumes produisent une grande impression au début des années vingt. D'autant que Itten et Muche les mettent lors d'un rendez-vous dans un ministère à Berlin, et qu'ils se présentent le crâne rasé [18]. Le vêtement d'Itten est confectionné dans un drap de laine de couleur rouge grenat, celui de Georg Muche dans le même drap, mais gris.

Hormis ces vêtements, quelques châles et des manteaux, peu de vêtements ont été créés au Bauhaus durant les premières années.

L'avant-garde hollandaise, le textile et le vêtement
L'avant-garde hollandaise s'est plus investie dans l'architecture que dans la création textile. L'œuvre vestimentaire d'artistes comme Piet Zwart, Bart Van der Leck et Théo Van Doesburg existe néanmoins.

Entre 1916 et 1917, Piet Zwart dessine des vêtements d'enfants, des robes et des manteaux qui s'inscrivent dans le courant réformateur européen contemporain [19]. Le Bauhaus suscite un grand intérêt parmi l'avant-garde hollandaise. Dès 1920, Théo Van Doesburg pense que cette école pourra contrebalancer la domination culturelle française. S'installant à Weimar en 1921, il propage les idées du *De Stijl*, avec l'espoir d'être engagé comme enseignant au Bauhaus.

Vers 1927, il dessine des projets de sacs, très probablement pour sa femme [20] qui rappellent la composition – orthogonale, basculée à 45° par rapport au cadre carré – de ses *Contre-compositions* commencées en 1924. Les projets de sacs semblent également faire écho à la décoration murale de la chambre de Nelly Van Doesburg,

18. Lothar Schreyer, *Erinnerungen an Sturm und Bauhaus*, Munich, 1956.
19. Coll. du Kostuummuseum de La Haye.
20. Coll. du musée d'Utrecht. Voir ill. p. 117.

avenue Schneider à Clamart, en 1924-25. La recherche de l'« œuvre d'art totale »
transparaît bien dans la relation établie entre peinture, accessoire et décor.
Dès 1918, le peintre Bart Van der Leck conçoit des tapis et des textiles de décoration.
Vers 1930, il crée une gamme monochrome de tissus unis et façonnés pour Metz
& Co [21], où l'on reconnaît les couleurs primaires très saturées de sa peinture. C'est
ainsi que le textile à usage vestimentaire reçoit l'influence du chromatisme
spécifique à l'avant-garde hollandaise.

Moholy-Nagy et l'atelier de tissage du Bauhaus
Succédant à Johannes Itten comme enseignant du cours préliminaire en 1923,
Laszlo Moholy-Nagy exerce une certaine influence sur l'atelier de tissage en vue
de standardiser sa production.
C'est en 1930, dans la section allemande de l'exposition de la Société des artistes
décorateurs, que la France découvre enfin l'existence du Bauhaus. Le couturier
Jean Patou, impressionné par les tissus, en commande pour ses collections ;
d'où le collage créé par Gyula Pap (cat. n° 247). D'autres succès vont suivre : aux
Salons de Leipzig et d'autres villes allemandes, aux manifestations de Stockholm.
Ce qui aboutit en 1930, à la signature d'un contrat avec Polytextil pour la fabrication et la distribution des créations de l'atelier, sous le label « bauhaus-dessau ».
Quand en 1927, Moholy-Nagy se fait photographier par sa femme Lucia, il pose
devant un paravent destiné à mettre en valeur son vêtement, une combinaison
de travail (reproduite en négatif sur le photomontage *Jalousie* de 1927 [22]). Il s'agirait
vraisemblablement d'une tenue de pêcheur qu'il aurait pu acheter durant ses
séjours en France à Belle-Ile-en-Mer ou à Marseille [23]. Ainsi l'artiste élève un
vêtement professionnel au rang d'une création digne du Bauhaus, tout en

21. Voir dans *Metz & Co*, Amsterdam,
1985.
22. Coll. musée de Grenoble.
23. Je remercie Kristina Passuth de
m'avoir communiqué ce renseignement
(Budapest, septembre 1996) qu'elle
détenait d'un chercheur allemand.

Gyula Pap. Projet publicitaire pour Jean Patou, collage, 1930
Brême, coll. W. Schnepel (cat. n° 247)

l'inscrivant dans la filiation russe. Certains membres de l'atelier de tissage ont dû porter de telles combinaisons, comme l'atteste une photo de groupe prise en 1927 [24].

Par rapport au costume plutôt distingué de Johannes Itten, le « Bauhaustracht », Moholy-Nagy avec sa combinaison se démarque du courant établi par son prédécesseur qu'il qualifie de « mystique » et de « romantique ». Paradoxalement, plus tard, Lothar Schreyer porte ce « Bauhaustracht » comme habit de travail. Peu de vêtements ont été créés au Bauhaus, où l'accent est mis sur la création textile destinée à la décoration intérieure.

Itten à l'école de Krefeld : Le pédagogue du textile
En 1932, Itten est invité à diriger la « Höhere Fachschule für textile Flächenkunst », école d'art spécialisée dans le dessin textile. Il est amené à parfaire ses connaissances en matière de techniques d'ourdissage, de tissage, et de teinture. Tout en dispensant un enseignement artistique de base, il encourage de nouvelles pratiques, comme l'utilisation de fibres artificielles et un procédé photographique d'impression textile. Grâce aux possibilités techniques de l'optique, de la macrophotographie et de l'agrandissement, des motifs inédits voient le jour : une feuille de ginkgo est directement reproduite sur le tissu, le détail d'une peau de vache photographiée devient une figure abstraite. L'impression facilite une disposition plus aléatoire des motifs [25]. L'étude théorique approfondie des lois de la couleur en liaison avec les travaux de l'atelier de teinture le plus réputé d'Allemagne – Guntha Stölzl et Benita Otte y ont suivi une formation – enrichissent les gammes de couleurs permettant des combinaisons surprenantes.

Sous la pression des nazis, ces recherches sont interrompues en 1938 ; l'école est

24. Photographie de Lotte Beese, dans S. Wortmann-Weltge, *Bauhaus Textiles*, Londres, 1993.
25. Itten a dessiné le textile *Tulipes*, cat. expo. Krefeld, 1992, n° 46.

fermée, Itten renvoyé. D'abord réfugié en Hollande, il retourne dans son pays natal afin de prendre la direction du musée et de l'école des arts et métiers de Zurich. C'est ainsi qu'il abandonne son projet initial de créer, en partenariat avec l'industrie, une école supérieure spécialisée dans le textile, à l'image du Bauhaus aux États-Unis[26].

À Zurich, son épouse Anneliese, qui a été tisserande à Düsseldorf et son élève à Krefeld, l'assiste dans son enseignement et poursuit la recherche sur les tissus et la création vestimentaire[27].

En Allemagne, en Hollande ou en Suisse, les artistes de l'avant-garde imprègnent la création vestimentaire de leurs nouveaux principes formels et plastiques liés à la géométrie, au système orthogonal, à une théorie de la couleur, laissant ouverte la possibilité du jeu expérimenté par dada. Ils imaginent des vêtements et des accessoires esthétiques, originaux et confortables, où forme et fonction ne font qu'un. Sophie Taeuber et Johannes Itten poursuivent leur réflexion sur le rôle du vêtement. Pour Sophie Taeuber, l'œuvre d'art investit tous les domaines de la vie. Pour Johannes Itten comme pour les tisserandes du Bauhaus, c'est le travail de recherche sur le textile qui prime. Le Bauhaus et plus tard l'école de Krefeld ont « fécondé » l'industrie par leur travail parfois « copié sans scrupule[28] ». Néanmoins, ceci permit une assimilation de nombre de leurs idées par le domaine public, rejoignant ainsi en partie, les objectifs du Werkbund.

S'il est difficile d'évaluer l'influence directe qu'ont eue les idées des artistes d'avant-garde sur la mode d'aujourd'hui, celles-ci font, sans aucun doute, partie intégrante de la formation et de la culture des nouveaux créateurs.

26. Walter Gropius, Marcel Breuer et certains membres du Bauhaus partent en Amérique. Dans le domaine du tissage, Annie Albers perpétue les orientations du Bauhaus au Black Mountain College.
27. Entretien avec Anneliese Itten, août 1996.
28. G. Stölzl, « Über die Bauhausweberei », dans Gunta Stölzl, Bauhaus-Archiv, Berlin, 1987, p. 102.

tchécoslovaquie

« La Femme civilisée » en Tchécoslovaquie

Helena Jarosová

La période de l'entre-deux-guerres, qui coïncide avec la première République (1918-1939), marque une étape déterminante dans la création vestimentaire tchèque du XX⁰ siècle. Dès 1919, le travail traditionnel du textile, du cuir, de la fourrure, des bijoux fantaisie, de la dentelle favorisent le développement, à Prague, de maisons de couture comme Hirsch (1879), Hana Podloská (1915), Rosenbaum (1916) et l'essor de nouveaux ateliers dénommés aussi « maisons » ou « salons » : Roubícková, Masáková, Konecny, Matejovsky, Bárta, Kníze, Madeleine, Mimi, Heda Vlková[1]... A Brno, ville de Moravie, on recense les maisons de couture Hausner, Hällerová, Rektoríková, Fémina, Vinarová. Au début des années vingt, plusieurs maisons de couture de la capitale publient collectivement une ambitieuse revue bilingue, en tchèque et en français, consacrée à la mode et aux arts. Elle est intitulée *Elegantni Praha* revue illustrée de luxe et d'art (1922-1925). On peut la trouver à Paris chez l'éditeur Hachette[2].

En même temps, la démocratie favorise un style original, variante nationale de l'Art déco : le « rondocubisme ». Ce courant tchèque marie le style décoratif d'après-guerre à certains éléments empruntés au folklore et aux symboles patriotiques. « Mais l'architecture et le style de vie modernes vont rapidement rejeter la sentimentalité et les accents nationaux au profit d'un langage international des "ismes" qui sont modernes sans aucun compromis. Ainsi, ce petit pays démocratique s'est pratiquement identifié avec le fonctionnalisme, le transformant en un modèle montrant comment construire et vivre[3]. »

Probablement en réaction à certaines propositions parisiennes jugées extravagantes, la mode tchèque opte pour un style « hors mode », « supramode », voire « antimode ». Les modèles occidentaux sont destinés non seulement à être portés dans une contrée au climat assez tempéré, mais aussi par des femmes de plus fine morphologie, évoluant dans un contexte socio-économique différent. Vers 1915, Anna Boudová-Suchardová (1870-1940) crée sa collection, une des premières et des plus belles du genre, nettement influencée par l'esthétique du Künstlerkleid allemand et des Wiener Werkstätte autrichiens (*Cf.* l'exposition praguoise du *Vêtement artistique* en 1905). Dans les années 1915-1917, la rubrique de mode *Zenské listy* reproduit de nouveaux modèles d'une mode « authentique », « tchèque » ou tout simplement « de chez nous ». Ainsi, « un vêtement fonctionnel, rationnel, *artistique* et *digne* d'une

1. La structure comme le fonctionnement des maisons de couture praguoises présentent bien des analogies avec les maisons parisiennes : elles comprennent des ateliers de fourrure, de mode, de lingerie et de maroquinerie. Knizé et Rosenbaum développent aussi des produits de beauté. Leurs succursales sont ouvertes dans des stations thermales de renom comme Marianské Lazné, Frantiskovy Lazné ou Kariovy Vary. Les collections sont présentées jusqu'à quatre fois par an.
2. Certains couturiers parisiens ont effectué des voyages à Prague : Paul Poiret en 1912-13, Jacques Worth en octobre 1927.
3. Josef Kroutvor, « Hommage à la première République », dans *Mode tchèque, 1918-1939, l'élégance de la première République, 1918-1939*, Prague, 1996, éd. Olympia.

126

4. Josef Vydra, théoricien et pédagogue tchèque, donne la définition suivante du terme authenticité : « Ailleurs, le mot authenticité évoque une chose particulièrement bonne, finement travaillée dans un bon matériau local, de belles formes typiques, un produit satisfaisant aux besoins et aux coutumes de la vie de telle ou telle nation. Chaque nation désigne comme authentique ce dont elle veut se prévaloir, ce qu'elle considère comme étant une chose belle, propre à cette nation et à ce pays, chose que les autres n'ont pas et qui la distingue de ses voisins. Le mot authenticité ne veut pas dire arriéré sur le plan culturel, n'étant aucunement un retour aux formes historiques... » dans « L'authenticité et l'industrie populaire » dans *Svéraz* (« L'authenticité »), Brno, 1940, p. 13.
5. *Gazette du Bon Ton*, 3ème année, n° 5, juin 1920, p. 151. Malheureusement, l'auteur confond l'origine géographique de ces costumes populaires qu'il avait, de toute évidence, vus. Selon lui, la Tchécoslovaquie s'étendait jusque dans les Balkans.

femme d'aujourd'hui » (souligné par l'auteur de l'article, R. Tollnerová) est opposé aux modèles occidentaux[4]. Récemment encore, ces tendances d'inspiration folklorique étaient critiquées comme étant des anachronismes historiques, politiques et esthétiques. Nous y discernons néanmoins une tentative de créer une tenue vestimentaire originale, ou de proposer une autre manière de s'habiller, complémentaire de l'habillement, relevant de la mode. Ces vêtements autenthiques étaient qualifiés, avec simplicité, « de vêtements d'été, destinés à être portés à la campagne, par des enfants ou des jeunes filles ». Un article de la *Gazette du Bon Ton* publié en juin 1920 rapporte qu'une délégation française en visite en Tchécoslovaquie les avait découverts avec émerveillement : « Et nous, conclut l'auteur Nicolas Bonnechose, devant ces charmants costumes, nous avions honte de notre veston droit et de nos pantalons dépourvus de style... Nous souhaitions que quelque peintre de chez nous rapportât quelques modèles de ces vêtements si jolis, dont les éléments décoratifs pourraient être si aisément utilisés pour le renouvellement de nos modes occidentales[5]. »

Mais les défis lancés par l'architecture et les arts décoratifs modernes et le nouveau mode de vie afférent, trouvent un écho plus fort dans la création vestimentaire tchécoslovaque. De nombreux journalistes comme Stasa Jílovská et Milena Jesenská rendent compte, dans la presse quotidienne et spécialisée, des changements intervenus dans les conditions de la vie féminine. Milena Jesenská (1896-1944), en publiant dans les années vingt chez l'éditeur Topic, deux recueils intitulés *Cesta k jednoduchosti* (« Le chemin de la simplicité ») et *Clovek delá saty* (« L'homme fait son habit »), évoque ces transformations. Elle propage un idéal féminin indissociable de « la nécessité du sport, du mouvement, de la liberté, de la pureté, du savon, de l'air, de la douceur et de la simplicité ». Comment la femme devait-elle être habillée ?

Anna Boudova-Suchardovà. Robe artistique. Le boléro est brodé de motifs folkloriques stylisés, vers 1915.
Prague, archives d'UPM.

Bozena Hornekova à Velké Mezirici, Moravie, photographie anonyme, 1928
Prague, archives d'UPM.

« De même que nous débarrassons nos appartements du bric-à-brac encombrant afin de les meubler avec des éléments simples et fonctionnels, nous ne voyons plus de charme dans ces chinoiseries insensées et donnons la préférence à la rationalité, à l'avantage pratique d'une ligne simple et moderne... Dans une vie moderne nous n'avons besoin que d'effets simples, fonctionnels, pratiques. Chaque pièce qui remplit ces conditions est en même temps belle[6]. » La journaliste jouit d'une si grande notoriété qu'il lui suffit de signer de son prénom. Elle note avec déplaisir les transformations intervenues dans la mode féminine à la fin des années vingt, à son goût trop compliquées.

C'est dans ce contexte stimulant qu'apparaît la personnalité de Bozena Horneková (1899-1984), future épouse de l'architecte Otto Rothmayer[7]. De 1917 à 1921, elle étudie à l'école des arts décoratifs de Prague et se spécialise dans la broderie. Nous pensons qu'elle a succédé dans cette voie à sa mère, ancienne élève du fameux Cours central de broderie de Vienne, une des premières femmes diplômées de l'école des arts décoratifs de Prague, et qui dirigea ensuite un atelier de broderie et de dentelle. Bozena Horneková enseigne d'abord à l'école ménagère « Svetlá » à Velké Mezirící (Moravie) puis en 1928, est nommée professeur à l'école des arts et métiers de Brnó. L'atmosphère intellectuelle de cette ville à l'architecture fonctionnaliste la séduit. « À une table du café Slavia, lieu de rendez-vous des milieux artistiques de Brnó, Horneková rencontre l'architecte Jan Vanek (1891-1962) et dès cet instant, ils s'entendent parfaitement[8]. » Peu de temps après, Vanek lui donne la possibilité de mettre en valeurs ses qualités et son « talent si exceptionnellement sensible, pragmatique et simple » ; elle conçoit des textiles pour des objets mobiliers et des décors intérieurs qu'il réalise. Avec Zdenek Rossmann (1905-1984), ils préparent les expositions « La Femme et sa maison » et « La Femme civilisée » qui se tiennent à Brnó au

6. Milena Jesenská, figure tchèque de l'entre-deux-guerres, est journaliste et traductrice de Franz Kafka. Elle épousera l'architecte Jaromir Krejcar (1895-1949), l'une des figures de proue du fonctionnalisme tchèque. À Prague, les écoles de danse et de gymnastique prolifèrent à cette date. Les deux citations sont extraites de l'ouvrage de M. Jesenská, « L'habillement standard ou les nouveautés capricieuses de la mode » dans *L'homme fait son habit*, Prague, 1927, F. Topic, p. 25-26.
7. Otto Rothmayer (1892-1966), architecte, élève, collaborateur et ami de Josip Plecnik. Après son mariage, au début des années trente, Hornekova adopte les patronymes de Bozena Rothmayerova. À partir de 1934, elle s'installe à Prague et pratique la dentelle aux fuseaux. De 1934 à 1957, elle enseigne la dentelle dans un institut (Statni ustav skolsky pro domacky prumysl).
8. Alena Vydrova, *Bozena Rothmayerova et la création textile (Umeni a remesla)*, 1981, n° 3, p. 43-44.

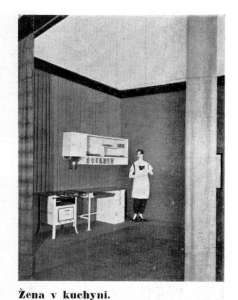

Žena v kuchyni.

Část kuchyně dle návrhu Z. Rossmanna
provedla SBS bytová společnost.

Die Frau in der Küche.

*Teil einer Küche, Entwurf Z. Rossmann
ausgeführt von der SBS Wohnungs-Gesellschaft.*

tournant des années 1929 et 1930. Fait remarquable, Horneková choisit de décliner, d'une manière exclusive, un seul type de vêtement : le pantalon. Longs, droits, serrés à la cheville par une patte pour faciliter l'exercice physique, amples comme une jupe, courts comme une culotte de golf, ils sont resserrés à la taille. Les pantalons destinés aux femmes enceintes ou réservés pour des activités physiques laborieuses ont un plastron retenu par des bretelles ou bien sont portés avec un corsage sans manches. Leur matériau et leur coloris varient en fonction de leur utilisation (domestique, scolaire ou professionnelle), selon qu'ils sont portés comme tenue d'intérieur, vêtement de nuit ou tenue habillée. Le pantalon est toujours assorti à un corsage, un gilet et une veste, avec en hiver, un manteau ou une fourrure pour sortir et une robe de chambre pour la maison. Horneková estime que le pantalon sied également aux femmes fortes et, chose révolutionnaire, aux femmes enceintes.

Par ailleurs, le pantalon entraîne des modifications dans l'aspect de la lingerie et des accessoires qui, fait rare, sont aussi dessinés (chapeau, sac, cravate, gants, parapluie). Pas de superflu, rien que le nécessaire.

Nous ignorons si tous ces projets furent effectivement réalisés. Une bonne partie était toutefois présentée sur des mannequins dans des intérieurs modernes, des cuisines fonctionnelles équipées des dernières nouveautés de l'électroménager auquel du reste, ces expositions étaient essentiellement consacrées. Les deux architectes et leur collaboratrice Bozena Horneková soulignaient que ce type unique de vêtement, contrairement à la mode vestimentaire de l'époque, pouvait s'intégrer avec cohérence dans l'architecture et le design modernes.

La garde-robe de la femme civilisée est marquée par les idées fonctionnalistes (Zdenek Rossmann a fait ses études au Bauhaus de 1928 à 1929). D'usage répandu, les

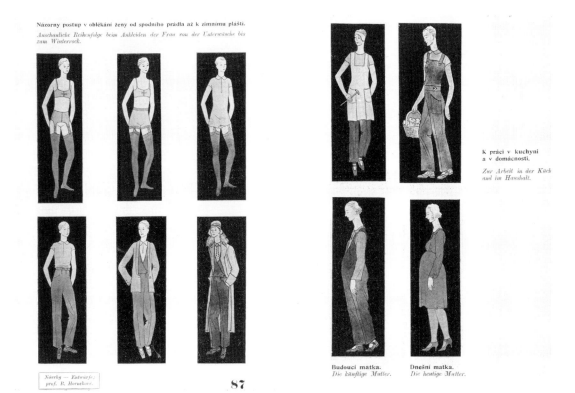

Nazorný postup v oblékání ženy od spodního prádla až k zimnímu plášti.
Anschauliche Reihenfolge beim Ankleiden der Frau von der Unterwäsche bis zum Winterrock.

K práci v kuchyni a v domácnosti.
Zur Arbeit in der Küch und im Haushalt.

Budoucí matka. *Die künftige Mutter.*

Dnešní matka. *Die heutige Mutter.*

Návrhy — *Entwürfe:* prof. B. Horneková.

131

autres *items* ne sont que des formes contemporaines de vestes, de manteaux et d'accessoires, et donc assujettis à la mode. Amelia Bloomer, puis les réformateurs allemands semblent avoir inspiré Horneková. Mais si cette garde-robe nouvelle est celle d'une femme active, sportive et émancipée, elle ne se réclame pas non plus des revendications d'un féminisme triomphant.

Rares sont les réactions à cet événement. Dans *Lidové noviny*, quotidien de Brnò en date du 17 mars 1930, le peintre et écrivain Josef Capek dénonce l'emprunt du vêtement masculin. Pourtant, Horneková ne désire pas s'en inspirer ; elle vise à promouvoir l'image d'une femme fraîche, sportive, plus gamine que féminine, plus étudiante (ou intellectuelle) que les traditionnelles mères de famille, coquettes ou mondaines. Avant l'heure, elle a voulu habiller la femme émancipée contemporaine.

Reproduits dans une revue bilingue en tchèque et en allemand *Civilisovaná zena - Civilisierte Frau* sous-titrée *Comment la femme civilisée devrait s'habiller*, les dessins de Horneková sont instructifs, descriptifs, sans grande ambition artistique, évocateurs avant tout d'un concept d'habillement féminin [9]. Pourtant, ils marquent un tour de force dans la création vestimentaire non seulement tchèque mais aussi européenne. Il faudra attendre les années soixante-dix pour voir des femmes ainsi vêtues, considérer même parfois le pantalon comme le dénominateur unique de leur garde-robe. Au tournant des années vingt et trente, on n'y voit notamment en Europe centrale, qu'un phénomène de mode, éphémère par conséquent.

9. Cet ouvrage est l'oeuvre commune de Vanek, Rossmann et Horneková. Outre les dessins de Horneková, il propose de nombreux articles illustrés mettant en évidence, d'une part l'absurdité de certaines créations de mode et d'autre part, l'évolution de l'habillement féminin vers la rationalité de la forme et la libération totale du corps. La publication comprend aussi un article de Milena Jesenská intitulé : « Elles ont une volonté libre mais aucun habit ».

Traduit du tchèque par Alena Lhotová. Ill. : archives de l'auteur, musée des Arts décoratifs de Prague ; photo Miloslav Sebek.

europe

Le dessin textile
et l'avant-garde en Europe
1910-1939

Rosalia Bonito-Fanelli

L a création textile représente une part importante de l'activité des artistes d'avant-garde qui concrétisent ainsi des théories esthétiques contemporaines. Mais malgré leurs prises de position en faveur d'une collaboration étroite entre l'art et l'industrie, rares sont ceux qui ont suivi une formation dans les métiers du textile ou ont eu des relations avec les fabricants. Aussi ont-ils tendance à assimiler ce travail à de l'ornementation de surface. Hormis les élèves de l'atelier de tissage du Bauhaus à Dessau, à la fin des années vingt, presque tous les artistes qui abordent le domaine textile pratiquent, avec des conceptions d'avant-garde, des techniques empruntées aux traditions artisanales issues de l'art populaire. Ils traitent la surface de l'étoffe comme la feuille de papier sur laquelle ils ont l'habitude de dessiner. On ne saurait donc s'étonner que bon nombre d'entre eux aient transposé leur expérience des arts graphiques, plus particulièrement du burin et de l'eau-forte, dans la création textile. Quelques artistes ne tiennent d'ailleurs pas compte de la répétition d'un rapport de dessin dans l'impression sur tissu. La couleur devient alors une composante essentielle de la création textile. Les théories de la couleur élaborées par Vassili Kandinsky, Paul Klee, Johannes Itten et Josef Albers au Bauhaus, par Kasimir Malévitch et Lioubov Popova en Russie, par Robert Delaunay en France, Giacomo Balla en Italie et Théo Van Doesburg en Hollande ont toutes des retombées immédiates dans le domaine du textile[1].

Le futurisme italien
Pour les futuristes, le travail du tissu vise le plus souvent à la réalisation d'objets uniques. Le feutre, baptisé *panno lenci*, que Helena Koenig et son époux Ettore Scavini proposent dans leur boutique turinoise « Ars Lenci » depuis 1919 est la principale étoffe employée, sous forme d'applications, pour les costumes et les panneaux imaginés par Giacomo Balla et Fortunato Depero. Les vêtements d'« Ars Lenci » remportent une médaille d'or à l'Exposition internationale des arts décoratifs et industriels modernes en 1925. Helena Koenig Scavini est d'origine autrichienne et le feutre constitue une spécialité tyrolienne, utilisée pour les costumes traditionnels[2]. Les compositions futuristes trouvent un équivalent dans ces mosaïques abstraites, dynamiques, formées de morceaux d'étoffe multicolores cousus ensemble.
L'artiste Vincenzo Fani, dit Volt, prône en même temps le recours à des matériaux

1. Voir nos recherches dans Fanelli, Florence, 1976, rééd. en 1986.
2. *Op.cit.*, p. 111.

insolites dans le *Manifeste de la Mode féminine futuriste* (1920) : « Ce qui fait le prix d'une toilette, c'est le tissu, pas la forme et la couleur que nous offrons gratuitement à toutes les femmes italiennes. Il est absurde qu'après trois ans de guerre et de pénurie de matières premières, nous nous obstinions à faire des chaussures en cuir et des habits de soie. [...] Cent matériaux nouveaux et révolutionnaires se bousculent au portillon, réclamant d'être admis à la création de vêtements féminins. Nous ouvrirons les portes des ateliers de couture au papier, au carton, au verre, à l'aluminium, à la céramique, au caoutchouc, au galuchat, au jute, au chanvre, au lin, à la gaze, aux plantes fraîches et animaux vivants[3]. »

Dans les années trente, les futuristes ont le souci de dessiner des modèles pour une production industrielle. Ivo Pannaggi, signataire du *Manifeste de l'Art mécanique futuriste*, s'est rendu en Allemagne où il a pu observer les méthodes modernes en vigueur à l'atelier de tissage du Bauhaus. Il rapporte dans la revue *Domus* dirigée par Gio Ponti : « Le projet passe de la planche à dessin à l'atelier d'usine, et cette tâche n'incombe pas à des peintres ou des dessinateurs, mais à des artistes qui utilisent leur imagination pour exploiter les possibilités techniques du métier à tisser[4]. » Et, à partir de 1933, la Triennale de Milan offre une vitrine au textile « moderne », mariant l'originalité au progrès technique. Marcello Nizzoli, un ancien futuriste converti au rationalisme industriel, remporte le prix « De Angeli-Frua » de la cotonnade imprimée. Les deux artistes milanais Carlo Re et Clelia Mansutti arrivent ex-æquo en tête du concours organisé par Schmid et l'« Ente nazionale serico » (Office national de la soie), qui doit distinguer les tissus présentant un « caractère italien moderne ». L'œuvre de Gio Ponti exerce alors une influence notable sur les arts du textile en Italie[5].

Dans la péninsule, cette période est également marquée par l'essor des fibres artificielles. La SNIA-viscosa (Montefibre) et la CISA augmentent la production de cellu-

3. *Roma futurista*, vol. III, n° 72, 29 fév. 1920.
4. *Domus*, « stoffe », vol. VIII, nov. 1935, p. 28-29.
5. Fanelli, *op. cit.*, p. 110-11 et 240.

Giacomo Balla. Gilet, vers 1925
Rome, coll. Biagiotti-Cigna (cat. n° 9)

136

lose vers le milieu des années trente, par suite des restrictions économiques, tandis que la mode fait une large place à la « rayonne » (viscose).

Le constructivisme russe
En 1923 et 1924, les artistes constructivistes Varvara Stépanova et Lioubov Popova travaillent pour l'industrie textile et enseignent dans le même temps, le dessin à la faculté du textile des Vkhoutémas (Ateliers supérieurs d'art et de technique). Avant la révolution d'Octobre, la manufacture appartenait à l'Allemand Zindel qui faisait appel à des dessinateurs français, et plus particulièrement alsaciens ; l'Alsace étant un des grands centres de production et d'exportation de tissus imprimés. Les ouvriers travaillaient aussi d'après des projets élaborés dans des ateliers parisiens et expédiés en Russie. D'où la suprématie du goût français dans ce domaine au début de la période soviétique[6]. Par la suite, une politique concertée donne une orientation différente aux activités de la fabrique de cotons imprimés dans laquelle œuvrent les deux artistes. Après une période de paralysie, la nécessité de fabriquer des quantités importantes de tissu pour répondre à une demande considérable devient urgente. Comme les tissés-teints exigent un matériel mécanique sophistiqué, des délais plus longs de fabrication, en conséquence plus onéreux, la priorité est donnée à la production de cotonnades imprimées, d'autant qu'il est plus facile de se procurer du coton que de la soie en Union soviétique. En outre, la fabrique a conservé le matériel et des techniques pré-révolutionnaires, si bien que la gamme de coloris reste de toute façon limitée.
Varvara Stépanova réalise avec déception que ces conditions de travail demeurent en contradiction avec la notion d'esthétique industrielle défendue aux Vkhoutémas. Son art décoratif mécanisé ne bénéficie d'aucun perfectionnement technique.

6. *Cf.* Lavrentiev, 1988 et le cat. de l'expo. *L'abito della rivoluzione*, 1987, Venise. Pp. 184-185, le texte du discours sur l'histoire du textile prononcé par Sobolev à la 1ère exposition des textiles soviétiques à Moscou en 1928.

7. Lavrentiev, *op. cit.*, p. 81.
8. « En règle générale, on choisit une étoffe d'après son aspect initial, sans tenir compte des transformations qu'elle va subir du fait de son utilisation. Les dessins de tissus n'ont aucun lien avec les modèles de vêtements. » D. Arkine, *Iskousstvo vehki* (l'art du vêtement), Moscou, 1929, p. 119 cité par Strijénova, *op. cit.*, p. 202, note 11.
9. « Cours préparatoire de composition (...) : a / Composition à partir de formes planes ; b / Composition à partir de formes linéaires ; c / Composition combinant des formes planes et linéaires ; d / composition d'un modèle graphique à reproduire (du type grille) ; e / Composition à partir de structures distinctes et bien séparées ; f / Schématisation de l'emploi de la couleur dans un modèle monochrome ; g / Conception d'une combinaison de couleurs qui modifie entièrement le caractère d'un modèle donné ; h / Réduction et/ou multiplication des éléments d'un projet pour découvrir les proportions de base entre les formes d'une composition donnée ; i / Conception d'une combinaison de couleurs selon le principe de complémentarité chromatique, afin de créer l'effet d'une troisième couleur ; j / Conception d'un modèle en deux couleurs pour créer un effet de polychromie ; k / Composition destinée à créer des effets chromatiques (irisation par exemple) », Lavrentiev, *op. cit.*, p. 182.
10. Strijénova, *op. cit.*, p. 192.

Constatant que l'artiste s'appuie sur une connaissance des propriétés de l'étoffe teinte ou imprimée, il doit pouvoir suivre toutes les étapes de la production. Avec Lioubov Popova, elle rédige un rapport à l'attention du directeur de l'usine, dans lequel il figure que, dans le cadre de la production industrielle, l'artiste devrait avoir un vrai pouvoir consultatif, créer ou au moins choisir les motifs, surveiller les opérations de teinture et d'impression, discuter avec les fabricants de vêtements, les maisons de couture et les magasins, et avoir son mot à dire dans la commercialisation, la publicité et l'agencement des vitrines ou des étals [7]. Cinq ans plus tard, le critique d'art David Arkine va déplorer aussi cet état de fait [8].

Aux Vkhoutémas, au sein de la faculté du textile, Varvara Stépanova peut encore faire valoir son point de vue dans l'organisation de l'enseignement. Ses idées se rapprochent beaucoup de celles qui sous-tendent la pédagogie de l'atelier de tissage au Bauhaus et les théories de la couleur développées par Kandinsky et Itten. Les cours se répartissent en deux séries. La première, plus analytique, porte sur la géométrie et l'étude des couleurs. La seconde débouche sur la conception de projets adaptés aux différents types d'étoffes, qui trouvent une application soit dans l'habillement, soit dans l'ameublement [9].

Les créateurs de la génération suivante, pourtant formés selon ces principes, se mettent au service de la production d'imprimés thématiques illustrant des sujets tels que le sport, la construction et l'électrification, sans compter les emblèmes nationaux [10].

Le Bauhaus

De 1919 à 1925, pendant la période de Weimar, l'atelier de tissage du Bauhaus vise avant tout à l'épanouissement artistique des élèves, en majorité des femmes, qui

**Vue d'un atelier de la Casa d'Arte de Fortunato Depero
à Rovereto, vers 1920 (détail)**
Musée d'Art moderne et contemporain de Trente et
Rovereto

doivent communiquer un état mental ou affectif par le biais des fibres textiles colorées. Les théories de Johannes Itten jouent un rôle déterminant durant toute cette
période. Le travail est axé sur le respect des matériaux et sur la valeur expressive de
la couleur, comme en témoignent les tapisseries réalisées à l'époque.

Une nouvelle inflexion est donnée dans la période de Dessau, entre 1926 et 1930,
lorsque Gunta Stölzl devient responsable de l'atelier de tissage, tandis que Josef
Albers enseigne la théorie de la couleur au Vorkurs (cours préliminaire). L'accent
est mis sur la production industrielle. L'atelier s'intéresse de près aux innovations
dans le domaine des colorants, en collaboration avec les firmes I. G. Farben (futur
groupe Bayer) et Hoechst.

Les créations textiles du Bauhaus se caractérisent à présent par l'utilisation expéri-
mentale de matériaux aussi nouveaux que la fibre de verre ou la cellophane dans des
prototypes destinés à la production industrielle. En 1929, Anni Albers met au point
une étoffe à base de coton et de cellophane qui possède des qualités d'isolant pho-
nique et de réflecteur de lumière. Cette invention, dont la presse se fait largement
l'écho, est adoptée pour un rideau de scène à l'école centrale de la confédération des
syndicats, à Bernau [11]. Une plus grande importance est accordée aux propriétés physiques des fibres textiles, que l'on cherche à mettre en valeur par les procédés de tissage. Les élèves du Bauhaus tissent à la main des échantillons transmis ensuite à des
manufactures en vue d'une production industrielle. Ces étoffes sont conçues avant
tout pour l'ameublement et la décoration intérieure. C'est seulement dans la dernière période du Bauhaus, à Berlin en 1932-1933, que les tissus d'habillement et le dessin de mode seront inscrits au programme de l'atelier de tissage, placé sous la
direction de Lily Reich [12].

11. N. Fox Weber, *The woven
and graphic art of Anni Albers*,
Washington, 1985, p. 21.
12. Voir la bibliographie générale
pour les nombreuses publications
sur l'atelier de tissage du Bauhaus.

Portrait de Liudmilla Maïakouskaïa présentant ses travaux destinés à l'exposition des arts décoratifs de Paris en 1925, photographie anonyme
Moscou, musée Maïakovski (cat. n° 155)

Liudmilla Maïakovskaïa. Échantillon textile, vers 1925
Moscou, musée Maïakovski

Les techniques modernes dans les industries, en France et aux États-Unis
De nombreux progrès touchent directement les industries textiles nationales dans les années vingt et trente. De nouveaux colorants chimiques, des procédés d'impression plus rapides et l'apparition des fibres synthétiques et artificielles élargissent l'éventail des possibilités. Et la France occupe là, une place de premier plan [13].
Brevetée en 1884, et fabriquée depuis 1981, la soie artificielle, appelée « rayonne » en 1924, commence à occuper une place importante dans les industries textiles françaises à partir de 1925. La Société lyonnaise pour l'étude de la soie artificielle (SLESA) est créée à cette fin [14].
Dans le domaine des fibres synthétiques, la principale nouveauté est le nylon, découvert en 1935 par W. H. Carrothers, directeur des recherches chez Dupont De Nemours, à Wilmington aux États-Unis. L'utilisation industrielle du nylon commence trois ans plus tard, mais il faudra attendre la fin de la Seconde Guerre mondiale pour voir l'introduction de cette fibre dans l'univers de la mode.

13. En particulier avec l'industrie lyonnaise de la soie : voir en particulier le périodique *La soierie de Lyon*, revue technique des industries de la soie de ces années.
14. *La soierie de Lyon*, vol. XII, n° 3, mars 1929, p. 106-110. La France a produit 6 000 tonnes de soie artificielle en 1924 et 15 000 tonnes en 1928. Voir M. H. Avram, *The rayon industry*, New York, 1927 et *The story of rayon*, New York, The Viscose Company, 1937.

notices
bibliographie
index

N.B.
*Les dimensions sont données
en centimètres.
Les références bibliographiques
données en abrégé sont complètes
dans la bibliographie générale.*

*Toutes les notices sont rédigées
par Valérie Guillaume assistée de
Isabelle Néto. Dans les sections
1 et 2, les notices biographiques
n° 5-14-20-22-26-56-68-69-85
et 88 sont rédigées
par Viviana Benhamou (V. B.)*

LE FUTURISME ITALIEN
Balla, Crali, Depero, Rizzo,
De Sanctis, Bailly pour Sartoris,
Di Bosso, Scurto, Prampolini,
Thayaht, Andreoni

Vestiaire masculin

■ **Projets de vestes et complets :
Balla, Crali**

Giacomo Balla, 1871-1958
Peintre, coauteur de nombreux
manifestes futuristes, l'artiste
cultive des domaines très variés :
« de l'architecture d'intérieur, du
décor aux habits, aux objets, de la
scène à l'action théâtrale, au
cinéma, de la peinture et de la
sculpture aux "complexes
plastiques", à la photographie, de
la poésie et de la prose à la
visualisation poétique, du
graphisme éditorial et publicitaire à
l'art postal » (dans cat. expo.,
Rome, 1989, p. 16). Entre 1918
et 1920, il aménage son propre
logement, la « Casa futurista », dans
la via Porpora, à Rome, avec ses
propres créations (mobilier,
céramiques, décors peints…), et il
l'ouvre au public le dimanche.
Quand il déménage, 39, Via
Oslavia, il emporte des éléments du
décor intérieur. Ses deux filles,
Elica et surtout Luce, collaborent à
la confection ou à l'ornementation
des vêtements et des accessoires.
Bibliogr. : cat. expo. Paris, MAM, 1972 ;
G. Lista, Modena, 1982 ; cat. expo.
Rome, 1989.

1 « **Manifesto futurista del vestito
da uomo** » (« **Manifeste futuriste
du vêtement masculin** »)
Vers 1913
Quatre feuillets manuscrits recto-
verso à l'encre
24,5 x 17,5 chacun
Rome, coll. Biagiotti-Cigna

Autoportrait de G. Balla, 1912

**2 Trois projets de complets et leurs
trois dessins textiles**
Aquarelles
- dessins textiles : S. b. g. :
« Balla 1913 » ; 13 x 19
- projets de complets : S. b. g. :
« Balla 1914 » ; 29 x 21
Rome, coll. Biagiotti-Cigna
*Les dessins textiles, antérieurs
d'une année à ceux des dessins
de vêtements, correspondent à la
période à laquelle l'artiste étudie
les « linee di velocità » (« lignes de
vitesse »).
Le complet du matin, dénommé
« costume blanc – dessins rouge-
bleu – gilet blanc » est reproduit
dans le manifeste du* Vêtement
masculin futuriste, *publié en
français à Milan le 20 mai 1914.
On le retrouve, modifié dans le
manifeste italien du* Vestito
antineutrale, *publié en italien à
Milan le 11 septembre 1914 où il
est désigné comme un vêtement
d'après-midi, avec la légende :
« Vestito bianco - rosso - bleu del
parolibero futurista Cangiullo »
(Pomeriggio) (« vêtement blanc -
rouge - bleu du verslibriste
Cangiullo »). Francesco Cangiullo
était un poète rallié au futurisme.
Ainsi, les créations de Balla ont été
utilisées comme des manières
d'identifier, voire de personnaliser
les leaders du mouvement.
Il faut noter que le principe
d'asymétrie du vêtement est
appliqué aux découpes du devant
et des parties ourlées (manches et
jambes), en somme aux bordures,
et non pas à l'assemblage des
pièces (côtés et emmanchures).*

**3 Trois projets : deux pour vestes
et un pour complet**
Vers 1914
Crayon et encre de Chine
19,8 x 14 chacun
Rome, coll. Biagiotti-Cigna

4 Cinq projets de vestes
Vers 1914
Crayon
24 x 18,5 chacun
Rome, coll. Biagiotti-Cigna
*Contrairement aux projets
précédents (cat. n° 3), on observe
des variantes du col châle, un seul
col tailleur à revers arrondis,
l'usage de boutons (un ou deux sur
le milieu devant) pour un
boutonnage soit côté droit sur côté
gauche (d'usage masculin), soit
côté droit sous côté gauche
(d'usage féminin), et des poches
appliquées ou ménagées sous
fente ; la morphologie des manches
n'apparaît pas.*

Tullio Crali, né en 1910
Il découvre le mouvement futuriste
(en voyant une œuvre de
Prampolini) vers 1925 et y adhère
officiellement en 1929. Il participe
régulièrement aux expositions
d'aéropeinture futuriste à partir
de 1931. Le manifeste de
l'aéropeinture fut publié en 1929
par Balla, Benedetta Marinetti,
Fillia, Depero, Dottori, Marinetti,
Prampolini, Somenzi et Tato.
« L'aéropeinture, qui constitue
le principal apport théorique du
second futurisme s'appuie sur
la modification complète des
habitudes visuelles qu'entraîne
la vision d'un paysage d'un avion
en vol. Le monde n'est plus vu à
hauteur d'homme, ce qui permet
aux futuristes d'aborder des
préoccupations cosmiques,
nouvelles pour eux et de
s'affranchir d'avantage de la
figuration traditionnelle. » (*Le
Futurisme et le Dadaïsme*, collectif,
Paris, 1967, p. 145). Tullio Crali
raconte avoir connu Balla et ses
filles en 1932. En 1932 et 1933,
il dessine des vêtements masculins
et féminins. En 1996, il commente
ainsi ses créations : « Le modèle
n° 1 est une veste courte, sorte de
boléro en lin blanc avec des poches
intérieures, et un seul revers de
couleur rouge qui sert à se protéger
du froid et, en même temps, à
cacher une longue poche étroite
pour les stylos et les crayons. La
chemise, dépourvue de boutons,

s'enfile par le haut ; le col est
fermé par un double bouton
(comme un bouton de manchette)
et se porte sans cravate. La
deuxième veste, qui lui ressemble,
est en flanelle grise et sans
revers. » Tullio Crali ajoute que la
production de ces vêtements est
restée limitée parce qu'il n'était
pas couturier (« comme des doigts
non musicaux ne peuvent jouer du
piano »). Sa tenue a été beaucoup
critiquée. En 1951, il surprend
encore en portant un sac à main
pour homme, le « borsetto ». Depuis
1966, il vit à Milan. V. B.
Bibliogr. : cat. expo. Rovereto, MART,
1994-1995, p. 102-107 et lettre de
l'artiste à l'auteur, 15 août 1996.

**5 Tulio Crali en « abito n° 1
sintetico » (« habit n° 1 synthétique »)
et « camicia anticravatta » (« chemise
anticravate »)**
1932
Photographie peinte
14 x 9
Milan, coll. de l'artiste
*La veste est réalisée dans une toile
de lin gris-blanc, l'unique revers
est rouge, et la chemise
« anticravate ». « En 1932, je reçois
de Vérone un manifeste signé par
Scurto et Di Bosso qui remplaçait
la cravate par une plaque
d'aluminium. » (op. cit., p. 152)*

6

**6 Tullio Crali en « abito n° 2 sintetico
futurista »**
1932
Photographie
Annotation autographe au verso :
« Gorizia 1932 »
16,7 x 11,8
Milan, coll. de l'artiste
*Modèle de veste sans revers : c'est
le vêtement quotidien de l'artiste,
qui est venu habiter Gorizia en*

1922. L'habit synthétique évoque la notion de vêtement unique développée par les avant-gardes italienne et russe.

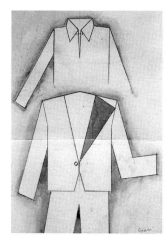

7

7 Projet d'habit synthétique et d'anticravate
1932
Encre et aquarelle
Annotation b. m. : « Il vestito futurista – t.c. Crali –1932 »
33 x 25
Milan, coll. de l'artiste

8 Dix projets de complets
1932
Aquarelle
29 x 34
Milan, coll. de l'artiste

■ **Complets et gilets d'artistes : Balla, Depero, Rizzo, Bailly pour Sartoris, De Sanctis**

Giacomo Balla

9 Gilet à décor de lettres « Balla »
Vers 1925
Broderie à l'aiguille sur canevas ; fils de laine de quatre couleurs
Rome, coll. Biagiotti-Cigna

10 Veste et pantalon
Vers 1930
Sergé de laine gratté
Varese, coll. Rosita Missoni

11 Veste et pantalon de travail de l'artiste
Vers 1930
Sergé de laine gratté
Rome, coll. part.

12 Chaussures portées par l'artiste
Vers 1930
Cuir bicolore
Rome, coll. part.

Fortunato Depero, 1892-1960
Peintre. Le 11 mars 1915, il publie avec Balla le manifeste *Reconstruction futuriste de l'univers*. Début 1917, il exécute, à la demande de Diaghilev, les costumes du ballet de Picasso, *Parade*. En 1919, il fonde à Rovereto la « Case d'Arte Futurista », fabrique spécialisée dans la production d'objets mobiliers. En mai 1923, il expose à la première biennale internationale des arts décoratifs de Monza. En novembre 1924, il participe au premier Congrès futuriste à Milan. En 1925, Depero, Balla et Prampolini sont représentés à l'Exposition parisienne des arts décoratifs. À la fin de l'année 1928, Depero se rend à New York pour y fonder une filiale de la « Casa d'Arte Futurista » ; sans succès. Il revient en Italie en 1930.
Bibliogr. : cat. expo. Rovereto Trento, 1993 ; cat. expo. Palazzo delle Esposizioni, Rome, 1995 ; cat. expo. Paris, Pavillon des Arts, 1996. M. Sardriers, Trente, 1995.

13 Gilet à décor de poissons, de Marinetti (1re version)
1923
Sergé de laine gratté
Signé : « F. Depero »
Turin, coll. Ugo Nespolo.

Filippo Tommaso Marinetti, 1876-1944, fonde en 1909 le mouvement futuriste. Il en devient le porte-parole en participant à des manifestations dans toute l'Europe.

14 Gilet à décor de pointes de flèches, de Fedele Azari
1923
Sergé de laine gratté
Signé : F. Depero
Rome, coll. Renzo Arbore.
Ces deux gilets ont été offerts au directeur du Grand hôtel Bristol de Merano par Depero pour le remercier de son hospitalité envers Marinetti. L'artiste venait de décorer la salle de bal de l'hôtel. Les gilets n'ont été montés qu'en 1990.

Fedele Azari (1895-1930), peintre, aviateur, réalise un spectacle de chorégraphie aérienne futuriste en 1918. L'artiste rencontre Depero l'année suivante, et devient ensuite son conseiller publicitaire. Auteur du manifeste sur le Théâtre aérien futuriste (Roma futurista, 18/1/1920), Fedele Azari expose la première œuvre d'aéropeinture, Perspective de vol, en 1926, dans la salle futuriste de la Biennale de Venise. A Milan, il dirige sa propre maison d'édition « Dinamo-Azzari » qui édite en 1927 la fameuse autobiographie, Depero futurista 1913-1927, reliée avec des boulons et des vis d'avion. V. B.

15 Gilet noir et blanc porté par Tina Srumia, la fiancée de F. Azari
1923
Sergé de laine gratté
Signé : « F. Depero »
Trente, musée Caproni

16 Gilet porté par Depero au Congrès futuriste de Milan de novembre 1924 et à Paris en 1925
1923
Sergé de laine gratté
Milan, coll. part.

17 Projet de trois devants de gilets futuristes
1923-24
Crayon
16,2 x 24,9
Musée d'Art moderne et contemporain de Trente et Rovereto
(Les motifs du panneau de droite sont à mettre en rapport avec le gilet n° 16.)

18 Gilet porté par Umberto Notari
Vers 1923
Sergé de laine gratté
Signé : « Fortunato Depero Milano »
Lavalese, coll. part.
Avocat, publicitaire et écrivain, il a commandé des tapisseries à Depero.

19 Gilet à décor de serpents porté par Marinetti au Congrès futuriste de Milan de novembre 1924
1923
Sergé de laine gratté
Milan, coll. Marinetti

Pippo Rizzo, 1897-1964
Peintre. Après avoir exposé à Palerme en 1916, il crée en 1918 un cercle culturel baptisé « Rinnovamento » (« Renouveau »).

Chef de file des futuristes siciliens, il travaille en collaboration avec sa femme Maria dans le domaine des arts appliqués à partir de 1923. Il ouvre une « Casa d'Arte Pippo Rizzo – Arti decorative futuriste » – (via Vincenzo di Pavia, à Palerme) appelée ensuite « La Bottega ». On y trouve les créations les plus hétéroclites : affiches, panneaux de décoration, tapisseries, rideaux et tapis, textiles, coussins, écharpes, vêtements féminins, lampes, abat-jours, céramiques, argenterie, meubles, costumes de théâtre, aux formes et aux couleurs vives les plus variées car l'expression de la gaieté, selon leur créateur, doit triompher. Il expose ses créations aux expositions d'art décoratif de Monza en 1923 et en 1930. V. B.
Bibliogr. : entretien de l'auteur avec la fille de l'artiste, 1996.

20

20 Gilet garni d'applications en trompe l'œil porté par l'artiste
Vers 1925
Sergé de laine gratté
Palerme, coll. Alba Rizzo
Interprétation du costume populaire sicilien.

Alice Bailly, 1872-1938
Artiste suisse. Une photographie publiée dans le catalogue de l'exposition *Sonia et Robert Delaunay* (Paris, B.N., 1977, p. 6) montre Alice Bailly chez le couple d'artistes, dans les années 10. Elle porte un gilet réalisé par Sonia Delaunay ou par elle-même. Elle s'installe à Paris de 1904 à 1914, puis de 1921 à 1923. Elle participe à l'Exposition de 1925 où elle obtient une récompense.
Bibliogr. : G. Peillex, 1968, Genève.

21

21 Gilet porté par Alberto Sartoris
Vers 1925-30
Toile brodée de fils de laine
polychromes
École polytechnique fédérale de
Lausanne, donation Sartoris

Portrait d'Alberto Sartoris

*Alberto Sartoris né en 1901,
peintre, architecte, professeur
et théoricien de l'art et de
l'architecture, découvre
le mouvement futuriste lors de la
première Exposition internationale
d'art moderne à Genève en
décembre 1920. Il est un des
protagonistes de l'architecture
internationale des années 20
et 30 (voir M. Sommella Grossi,
Lausanne, EPFL, 1993).*

Victor Aldo De Sanctis, né le
23 février 1909, le jour même de
la parution du manifeste fondateur
du mouvement, il se considère
comme le « jumeau » du futurisme.
Pendant ses études techniques,
il publie des poèmes dans la revue
Futurisme. Il porte alors des
chapeaux « futuristes », avec des
trous spécialement ménagés pour
faciliter la circulation de l'air et le
refroidissement de la tête. Quand il

rencontre Marinetti à Viareggio
en 1931 ou 1933, De Sanctis
porte un habit sans basques et une
chemise en aluminium, sans
plastron, ni nœud papillon. En
dessous, il a revêtu la fameuse
chemise noire dont on pouvait voir
les poignets. Marinetti l'interroge
sur l'origine de cette chemise
métallique et l'artiste lui répond
qu'il l'a réalisée lui-même car il
était ingénieur : elle déclenche,
à chaque poignée de main, une
légère décharge électrique. De
Sanctis ne voulait pas porter
de chemise blanche, trop
romantique. Le futur verrait, selon
lui, le triomphe du métal.
En 1933, un concours pour le
renouveau du chapeau italien,
« Campagna del cappello », est
ouvert dans le cadre d'une
exposition sur l'environnement
et la mode à Turin. Des industriels
comme Borsalino sont appelés à
collaborer. C'est à cette date aussi
que le manifeste futuriste du
chapeau italien publié par Marinetti
en 1931 est repris (*Revista
futurista,* 5/3/1933). De Sanctis
y remporte un prix et décide
d'exhiber ses créations lui-même
au cours de ses promenades dans
Viareggio, (*cf.* « Cappelli futuristi
in funzione », dans *Futurismo,*
n° 55, 1/10/1933). Il expose les
dessins des chapeaux à la galerie
Pesaro de Milan. Ingénieur, puis
journaliste pour la télévision
italienne, De Sanctis reste en
relation avec Marinetti. Il s'éloigne
du mouvement futuriste pendant la
Seconde Guerre mondiale. V. B.
Bibliogr. : entretien de l'artiste avec
F. Mabellini, dans *Marinetti futurista,*
Tellini, Pistoïa, 1984. Entretien de
l'auteur avec la famille de l'artiste 1996.

Portrait de Victor Aldo De Sanctis

22 Chemise métallique
1931 ou 1933
Pistoïa, coll. de l'artiste

■ **Cravates :**
Balla, Di Bosso et Scurto

Giacomo Balla

**23 Projet de cravate et nœud
papillon**
1920
Aquarelle et crayon
Rome, coll. Biagiotti-Cigna
*Depuis 1918, l'artiste explore
le thème de l'occulte, de
l'extrasensible et dessine une série
de motifs appelés « Transformations
formes spirites » (voir la notice
du châle cat. n° 50)*

24 Trois cravates
Crêpe de soie et toile de coton
brodée et peinte
Rome, coll. Biagiotti-Cigna

25 Deux cravates
Toile de coton brodée
58 x 4,2 (modèle blanc) ;
77 x 2,5 (modèle noir)
Rome, coll. C. (ancienne coll.
Luce Balla)

**Renato Righetti, dit Renato
Di Bosso, 1905-1982**
Sculpteur (son pseudonyme
Di Bosso vient de sa prédilection
pour le bois). Le *Manifeste
futuriste sur la cravate italienne,*
rédigé avec le poète Ignazio Scurto,
est publié en 1932. La cravate
futuriste, ou « anticravate »,
« inspire les désirs de soleil et de
lumière afin que chaque homme,
chaque adolescent, chaque garçon
porte sur lui une note d'aviateur ».
Car il est préférable « d'avoir
comme décoration un dessin d'aile
d'avion au soleil plutôt qu'un bout
de chiffon ridicule ». L'artiste
rapporte qu'il a été invité en mars
1933 dans une usine de Rovereto :
« Pendant que l'ingénieur expliquait
avec passion les caractéristiques
et la qualité d'un nouvel alliage
(d'aluminium), me vint l'idée de la
cravate en aluminium. Je pris
quelques feuilles d'aluminium
et de retour à Vérone, avec mon
savoir-faire artisanal, je réalisais le
premier exemplaire. Notre but était
de rajeunir la mode, et d'inciter les
jeunes à renoncer à la cravate
traditionnelle. » Di Bosso s'adonne
à l'aéropeinture dans les années 30
et fonde le groupe futuriste

de Vérone en 1931. V. B.
Bibliogr. : cat. expo. Milan, galerie Fonte
d'Abisso Arte, 1988.

26

**26 « Manifesto futurista sulla
cravatta italiana » (« Manifeste
futuriste sur la cravate italienne »)**
Vérone, mars 1933
Prospectus
Milan, galerie Fonte d'Abisso Arte

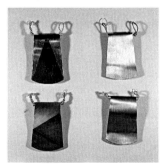

27

27 Quatre anticravates
1933
Milan, galerie Fonte d'Abisso Arte
*« L'anticravate conçue par nous
peut être :
- en fer blanc avec ondulations
horizontales ;
- en aluminium opaque avec motifs
décoratifs antitraditionnels ;
- en aluminium brillant avec
incisions modernes ;
- en métal chromé simple ;
- en aluminium avec gradations
de brillance et d'opacité ;
- en métal précieux ;
- en laiton ;
- en cuivre.
Les métaux utilisés doivent avoir
une épaisseur de deux à quatre
dixièmes de millimètres et donc un
poids correspondant minimal tandis
que le nœud doit être
complètement aboli. La longueur*

est de peu de centimètres (...).
L'anticravate, tenue par un léger
collier élastique, reflète tout le
soleil et l'azur que nous, Italiens,
possédons à profusion et enlève
la note mélancolique et pessimiste
de la poitrine de nos hommes. »
(Di Bosso, Scurto, Manifeste ...)

■ **Modifiants et broches :**
Balla, Prampolini

Giacomo Balla

28 Huit modifiants
Vers 1914
Textiles
56 x 56 (cadre)
Rome, coll. Biagiotti-Cigna
« Variables, par l'effet des
"modifiants". Je donne ce nom
à des applications d'étoffes
(de différentes ampleur, épaisseur et
couleur) qu'on peut disposer quand
on veut et où l'on veut en un point
quelconque du vêtement, moyennant
des boutons pneumatiques. Chacun
peut ainsi non seulement modifier,
mais inventer à chaque instant un
nouveau vêtement qui réponde
à un nouvel état d'âme. Le modifiant
peut être impérieux, amoureux,
caressant, persuasif, diplomatique,
unitonal, pluritonal, choquant,
discordant, décisif, parfumé, etc. »
(Balla, Le vêtement masculin
futuriste. Milan, 20/05/1914).
Un autre modifiant est par exemple
dénommé « modifiant représentant
le pessimisme » (dans cat. expo.
Paris, MAM, 1972, p. 92).

29 Six et trois projets de modifiants
triangulaires (motif « formerumore »)
Vers 1914
Crayon noir, crayon couleur,
aquarelle
14 x 20 chacun
Rome, coll. Biagiotti-Cigna
Il faut relier cette étude à des
œuvres peintes contemporaines,
études de la représentation
plastique du bruit, dont le titre
comprend le mot « rumore ». Ces
œuvres, appelées « complexes
plastiques », sont réalisées dans
des matériaux divers, y compris
avec des ampoules électriques
(voir E. Crispolti, Venise, 1986,
n° 108-110).

Enrico Prampolini, 1894-1956
Peintre, il fréquente assidûment
Balla qui l'introduit chez les
futuristes. Avec le critique
Mario Recchi, il fonde, en 1918,

la « Casa d'Arte italiana » pour
assurer la diffusion de l'art d'avant-
garde par des expositions, des
concerts, des conférences et des
recueils de publications.

30 Broche tricolore vert, blanc,
rouge monogrammée « F » (pour
« Futurista »), portée par Alberto
Sartoris
Vers 1925-1930
Métal, émail
2 x 5
École polytechnique fédérale
de Lausanne, donation Sartoris
La broche a été dessinée pour des
artistes futuristes (Marinetti, Fillia,
Vittorio Orazzi, le frère de
Prampolini, Bottaglio, Nicolas
Diulgheroff, Sartoris, etc.).

■ **Chapeaux :**
Thayaht, Depero, De Sanctis

Thayaht
Voir l'article de V. Benhamou,
« Thayaht : nouvelles perspectives »
En 1928, le Groupement national
fasciste de la paille commande à
l'artiste des dessins de nouveaux
modèles de chapeaux masculins,
l'affiche de la campagne nationale
de promotion du chapeau de paille
et le logo du groupement, (cat.
expo. Florence, 1932, p. 29-30).

31 Prospectus pour la « Campagna
nazionale per il cappello di paglia »
(« Campagne nationale pour le
chapeau de paille »)
1928
Prospectus
20 x 28
Succession Seeber-Michahelles

32 Trois photographies de chapeaux
pour la « Campagna nazionale per il
cappello di paglia »
1928
Photographies
12 x 15,5 chacune
1- Annot. au verso : « Spaido »,
série B. 13
2- Annot. au verso : « Sirtico,
Spaido, Canotto, Naute »,
série B. 24
3- Annot. au verso : « Fez, Pinedo »
Succession Seeber-Michahelles

33 Deux prospectus pour la
« Campagna nazionale per il cappello
di paglia »
1928
Prospectus
18 x 25 chacun
Florence, coll. part.

34 Projet d'un « paravista »
(« chapeau-visière ») pour la
« Campagna nazionale per il cappello
di paglia »
1928
Crayon
Annotation b.d. : « profilo ;
visiera in paglia naturale o bianca
con prolungazione laterali riunite
con elastico dietro la testa. Per
tennis, spiaggia, canotaggio »
(« profil ; visière en paille naturelle
ou blanche avec prolongements
latéraux attachés derrière la tête
par un élastique. Pour le tennis,
la plage, l'aviron. »)
21 x 29
Florence, coll. part.

35 Projet d'un « capauto » (« chapeau
d'automobiliste ») pour la « Campagna
nazionale per il cappello di paglia »
1928
Crayon
Annotation h. g. : « Casco
leggerissimo per proteggere
contro il sole e contro la polvere.
Fodera verde » (« casque très léger
pour se protéger du soleil et de la
poussière. Doublure verte »)
21 x 29
Florence, coll. part.

Fortunato Depero
36 Chapeau futuriste
1929
Sergé de laine gratté
Signé : « F. Depero » ; à l'int. *1929*
Turin, coll. Ugo Nespolo

37 Chapeau futuriste
1929
Sergé de laine gratté
Signé : « F. Depero »
Lavalese, coll. part.
Fabriqués par Inès Fatturini,
employée de la « Casa d'Arte »,
au moment où l'artiste séjourne
aux États-Unis. Les passes sont
dissociées des calottes.

38 Béret
1929
Sergé de laine gratté
Signé : « F. Depero »
Lavalese, coll. part.

Victor Aldo De Sanctis

39 Chapeau
Vers 1928
Pistoia, coll. de l'artiste

40 Projets pour des chapeaux
pour la « Campagna del Cappello »
(« Campagne pour le Chapeau »)
Dessins
1933
Pistoia, coll. de l'artiste

Vestiaire féminin

Giacomo Balla

■ **Robe de Luce Balla**
41 Robe portée par Luce Balla,
la fille de l'artiste
Vers 1930
Sergé de laine gratté. Robe
à manches longues ; les panneaux
de la jupe sont montés à plis creux
sur une taille basse ; une ceinture
à boucle en bois peint marque
la taille naturelle.
Rome, coll. Biagiotti-Cigna

42 Projet de la robe de Luce Balla
1928-29
Gouache et encre
23 x 15,5
Rome, coll. Biagiotti-Cigna

43 « La Conversation »
(à gauche Luce Balla)
1934
Huile sur bois
92 x 106
Rome, coll. Biagiotti-Cigna

■ **Autour du tricolore**

44

44 Projet de chandail tricolore
Vers 1930
Annotation b. d. : « *FuturBalla* » ;
au m. : « modello futurfascista » ;
h. d. : *n. 1*
Rome, coll. Biagiotti-Cigna

45 Tablier tricolore
Rome, coll. Biagiotti-Cigna
Vers 1915, Balla exécute un ensemble de toiles où dominent les couleurs du drapeau italien. Balla aurait peut-être repris le thème patriotique à l'occasion de l'exposition rétrospective qui lui est dédiée en 1928 à Rome. Le tablier, réalisé par Luce Balla, a été à l'évidence inspiré par le projet de chandail tricolore.

46 Projet de robe du soir (recto) / Projet d'écharpe (verso)
Vers 1925/1928
Huile sur contre-plaqué
44,3 x 30,8
Rome, coll. Biagiotti-Cigna

47 Huit projets de vêtements de sport
1930
Aquarelle, gouache, crayon, encre
S. b. d. : « Futurballa »
Annotations sur certains
b. g. : « *per montagna* » ;
b. m. : « *per tennis* » ;
h. g. : « *per mare* ».
22 x 15,5 chacun
Rome, coll. Biagiotti-Cigna
Cette garde-robe sportive comprendrait trois chandails, deux corsages, deux gilets et un maillot de bain. Comme la numérotation laisse supposer l'existence de neuf projets, il faut inclure à cette série le chandail tricolore (cat. n° 44).

■ Accessoires et projets d'accessoires

48 Projet de sac
Aquarelle et crayon.
S. D. b. g. : « Balla 1916 »
28,5 x 22,5
Rome, coll. Biagiotti-Cigna

49 Projet d'éventail
1918
Vernis et encres colorées
S. b. d. : « Futurballa »
39,5 x 51
Rome, coll. Biagiotti-Cigna

50 Châle pour Benedetta (Marinetti)
1919
Tulle brodé
Signé : « Futur Balla »
270 x 65
Prêt anonyme.
Dans le catalogue de l'exposition rétrospective de l'œuvre de Balla (Paris, 1972) figure une composition analogue dénommée Transformation formes spirites (n° 30, p. 108). Des rayons, des

figures rondes, « *les esprits* », développent une thématique nouvelle fondée sur l'étude de « *la sensation (et non plus l'étude visuelle) de phénomènes terrestres* ». *Benedetta Cappa épousera F. T. Marinetti en 1923*

51 Projet d'un châle en tulle pour Benedetta (Marinetti)
1920
Crayons de couleur et gouache
117 x 122
Rome, coll. Biagiotti-Cigna

52

52 Projet de flacon de parfum
1926
Gouache
27 x 22
Rome, coll. Biagiotti-Cigna

53 Trois projets de chaussures
1928-1929
Crayon et encre de Chine
13,5 x 20,5 ; 10 x 14 ; 10 x14
Rome, coll. Biagiotti-Cigna

Fortunato Depero

54 Projet de châle « floreale »
Présenté à l'Exposition des arts décoratifs et industriels modernes de Paris en 1925
Collage de papiers colorés
64 x 144
Milan, galerie Fonte d'Abisso Arte
Depero dessine un nombre important d'esquisses pour un concours de décoration de châles organisé par Carlo Piatti pour les industries de Côme. Il échoue. Une partie de ces esquisses est montrée à Paris en 1925 (cat. expo. Paris, Pavillon des Arts, 1996, p. 126)

Pippo Rizzo

55 Châle
Mousseline de coton brodée
180 x 180
Palerme, coll. Alba Rizzo.

Cesare Andreoni, 1903-1961
Peintre, décorateur, graphiste. En novembre 1924, il participe au Congrès futuriste de Milan avec Marinetti, Depero et Balla, et en 1929, à la rédaction du manifeste de l'aéropeinture. A cette date, il ouvre une entreprise de décoration intérieure et de mode : *Creazioni Andreoni Arazzi-Cuscini*. Un critique écrit alors : « Nous oublions de parler des sacs, des écharpes de cou, des quelques châles, d'une robe de chambre pour une célèbre actrice qui semble sortie d'un rêve des Mille et Une Nuits. » (Milan, Cat. 1993, p. 151). Il emploie quelques couturières et brodeuses dirigées par sa future femme Angela Lombardini. Ses créations sont exposées à Bolzano en 1929 et en 1930 à la galerie Guglielmi de Milan (coussins, sacs, pochettes du soir, nécessaires à maquillage, poudriers, écharpes de cou, châles, robes de chambre). Il dirige aussi la création artistique de la revue *La casa ideale*. Il expose à la galerie Pesaro de Milan en 1930 et en 1931. Il est l'un des auteurs du manifeste de la plastique murale en 1934.V.B.
Bibliogr. : a cura dell'Archivio Andreoni, Bergame, 1992 ; cat. expo. Milan, Palazzo Reale, 1993.

56 Écharpe tricolore (grise, blanche et noire)
1929-31
Sergé de laine gratté
Milan, coll. part.

57

57 Deux sacs du soir
1929-31
Soie brodée et peinte
10 x 16 ; 10,2 x 14
Milan, coll. part.

58 Deux nécessaires à maquillage
1929-31
Soie peinte et brodée de fils métalliques dorés, anse en cordonnet de passementerie, miroir à l'intérieur
Ø 12 chacun
Milan, coll. part.

Thayaht

■ Textiles

C'est à partir de 1920 que Thayaht travaille à l'étude de dessins textiles. Le *Catalogue de la IIIe Exposition internationale des arts décoratifs* (Villa Reale, Monza, 1927, p. 25-26 et p. 64) recense « des étoffes colorées à la main par Ernesto Michahelles (Thayaht) ».

59 écharpe imprimée
Soie
Coll. Seeber-Michahelles.

60

60 Deux échantillons textiles
Vers 1920-1927
Satin de coton imprimé
1 - 39 x 26 (brun : décor de grecques cf. un des bois gravés, cat. n° 61)
2 - 25 x 26 (vert)
Florence, coll. part.

**61 Vingt-sept bois gravés
pour impression textile**
Vers 1920-1927
Coll. Seeber-Michahelles

62 Trois motifs décoratifs
Vers 1920-27
Xylographies aquarellées
1 - 17,5 x 18,0 (cf. un des bois
gravés cat. n° 61)
2 - 24 x 16,5 ; S. D. b. d. :
« THAYATH 20 »
3 - 10 x 16,5
Florence, coll. part.

63 Huit motifs décoratifs
Vers 1920-27
Aquarelle
33 x 47,5 (carton)
Coll. Seeber-Michahelles.

■ **Bijoux**

(voir l'article de V. Benhamou,
supra).
*Ensemble exposé dans la section
des bijoux de la XVIIe biennale
de Venise en 1930. La « taiattite »
est le nom donné par l'artiste
à un alliage.*

64 Collier et bracelet en taiattite
1930
Alliage, et ivoire (pour le collier)
Succession Seeber-Michahelles

**65 Collier et bracelet en taiattite
pour Benedetta Marinetti**
1930
Alliage, et bois (pour le collier)
Prêt anonyme

66 Poudrier
1930
Alliage
Succession Seeber-Michahelles

■ **Projets de modèles**

Tullio Crali

67

67 Six projets de vêtements féminins
Gouaches
1 - « Abito giroscopico » (« Vêtement
gyroscopique ») ; 1932 ; 28 x 26
2 - « Abito scomponibile »

(« Vêtement décomposable ») ;
1932 ; 28 x 26
3 - « Passeggiare in bianco e nero »
(« Se promener en noir et blanc ») ;
1932 ; 28 x 26
4 - « Abito costruttivista »
(« Vêtement constructiviste ») ;
1932 ; 28 x 26
5 - « Abito pila » (« Vêtement
pile ») ; S. D. b. d. : « t.c. Crali
1933 » ; 28 x 26
6 - « Abito che sale » (« Vêtement
montant ») ; 1933 ; 28 x 26
Milan, coll. de l'artiste

Uberto Bonetti, 1909-1993
Dessinateur, graphiste, peintre.
Après des études à l'Institut des
beaux-arts de Lucques, il travaille
comme dessinateur pour des
artistes plasticiens. En 1928,
collaborant au carnaval de
Viareggio, sa ville natale, il dessine
des masques. Il connaît bien
l'œuvre de Depero et de Thayath.
Dans les années 30, il adhère
à l'aérofuturisme et participe à de
nombreuses expositions. En 1933,
il participe au concours pour le
nouveau chapeau italien (*cf.* biogr.
de De Sanctis) et s'intéresse
à d'autres accessoires. Il réalise de
petites valises en forme d'hélices
en paille tressée, cuir
et aluminium. Ses gammes de bleu
évoquent le ciel et l'envol selon la
poétique de l'aéropeinture. Tous les
projets de l'artiste (éventails,
ceintures et boucles, maillots
de bain) sont destinés à être
produits en série. Il poursuit
ensuite une activité de graphiste,
décorateur et publicitaire. V. B.
Bibliogr. : archives de U. Bonetti,
avec l'aimable autorisation de Claudio
Giorgietti.

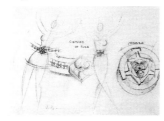

68

**68 Deux projets de robes, sacs
et boucles de ceinture**
Vers 1933-34
1- Aquarelle et crayon de couleur ;
21,7 x 31 ; S. b. d. « U. B. »
2- Crayon de couleur ; 23,5 x 30,5 ;
S. b. g. « U. B. »
Coll. part.

Rosita Lo Jacono, née en 1897
C'est dans le contexte stimulant
des activités décoratives
palermitaines (cf. Pippo Rizzo)
que s'inscrit l'activité de Rosita
Lo Jacono. L'artiste expose ses
créations d'inspiration futuriste et
« art-déco » (tapis, coussins,
rideaux, broderies, vaisselle,
châles, bijoux...) à Monza en 1928
et dans les triennales de Milan
(1930, 1933, 1936). Elle milite
en faveur de la fusion entre
l'expression artistique et artisanale.
Des bijoux ont été réalisés d'après
des dessins présentés au concours
« Ente Nazionale Artigianaio e
Piccole Industrie » (1933). Elle est
l'auteur d'une étude sur les arts
majeurs et mineurs (éd. Aurelia,
Rome). V. B.
Bibliogr.: archives de l'artiste.

**69 Projet pour un foulard à décor
de panneaux de signalisation
routière ; dessin textile**
1932-34
gouaches
1 - Foulard « Segnalazioni
stradali » ; Annot. en h., à g. :
« Disegno per un fazzoletto da collo
per sigora stampato con colori
indantren oppure aerografato »
(« Dessin pour un foulard féminin,
imprimé de couleurs indanthrène
marque chimique déposée ou à
l'aérographe »)
2 - Décor floral
Palerme, coll. de l'artiste

■ **LES ARTISTES ITALIENS
À PARIS**
Thayath pour Madeleine Vionnet,
R.A.M., le frère de Thayath,
Savinio

**Ernesto Michahelles, dit Thayath,
1893-1959 et Madeleine Vionnet**

■ **Vêtements**

**70 Cape probablement réalisée dans
l'atelier de Vionnet.**
Portée par Thayath
Lainage de Casentino (région
d'Arezzo)
Florence, coll. part.

**71 Robe « Henriette » et écharpe
lamée assortie**
Vers 1923
Lamé
Kyoto, Kyoto Costume Institute,
inv. AC 6819 90-25AB

72 Robe « Orage »
1922
Taffetas de soie
Paris, musée de la Mode et du
Textile, coll. UFAC,
inv. 1952 18 50

73

73 Robe du soir
Été 1925
Crêpe de soie bleu, broderie de
perles acier et de lames argent
Paris, musée de la Mode et du
Textile, coll. UFAC, inv. 86 07 102

74 Robe
Vers 1921-22
Crêpe romain de soie rouge, bande
de broderies de perles bleues
et dorées
Paris, musée de la Mode et du
Textile, coll. UFAC, inv. 53 6 2

■ **Projets de modèles**

75 Projet pour un peignoir de plage
1922
Aquarelle et gouache
S. D. h. d. : « Thayath 22 »
26 x 18
Florence, coll. part.

76

76 Étude pour une tenue d'aviation de Madeleine Vionnet
1922
Encre
S. D. b. m. : « THAYAHT 22 »
Annotation h. g. : « Robe d'aviation de Madeleine Vionnet »
27 x 21
Florence, coll. part.
Un dessin plus abouti pour cette tenue est publié dans la Gazette du Bon Ton (pl. 27, n° 4, 1922) : « L'essayage à Paris (Croydon-Bourget) / costume pour tourisme aérien de Madeleine Vionnet / traversée à bord d'un avion de l'Instone Air Line ».

77 « Knitted sport, sweater with cap and skirt » (« Projet pour une tenue de sport tricotée, pull, bonnet et jupe »)
1922
Crayon
27 x 21
Florence, coll. part.

78 « Design for an evening gown with gold Sash Plate » (« Projet pour une robe du soir à boucle de ceinture dorée »)
1922
Crayon
27 x 21
Florence, coll. part.

79 Projet pour une robe du soir
1921-22
Gouache
Cachet au tampon : « THAYAHT / 9 Via Dante da Castiglione / Firenze 34-Italia »
27 x 21
Florence, coll. part.

80

80 Deux projets de motifs décoratifs pour une robe
Vers 1920-24
Encre
Cachet au tampon : « THAYAHT / 9 Via Dante da Castiglione / Firenze 34-Italia »
1 - Annotation b. d. : « particolare (vaso greco) / Drappeggio di donna trasformato in motivo decorativo / n° 26045 » (« détail (vase grec) / drapé de femme transformé

en motif décoratif »)
2 - Annotation b. g. : « Used »
27,5 x 21
Florence, coll. part.

■ **Publicité pour Vionnet**

81 Planche de six études pour le logo de Madeleine Vionnet
vers 1919
Aquarelle
signé b.g. : « Tayat »
18 x 25
Florence, coll. part.

82 Carton d'invitation pour une présentation et carte de visite de Madeleine Vionnet
1919
Florence, coll. part.

83 Six projets : deux modèles pour Madeleine Vionnet et publicités pour les fourrures Fred Heinemeyer
1921
gouache, encre
1 - « De la fumée » ; S. D. b. d. : « Thayaht 21 » ; 17 x 11,5 ; publié dans la Gazette du Bon Ton, pl. 13, n° 2, 1922.
2 - « Fourrures / Fred Heinemeyer / 23, rue d'Antin tel. Louvre 22 90 » ; S. D. b. d. : « Thayaht 21 » ; Annotation g. au crayon : « sold » (« vendu ») ; 15 x 11
3 - « Blue fan » ; S. D. b. d. : « Thayaht 21 » ; 20 x 10
4 - « Fourrures » ; S. D. b. g. : « Thayaht 21 » ; 12,5 x 7,5
5 - « Coin de Paris » ; 11 x 8
6 - « Heinemeyer / Fourrures / 23, rue d'Antin tel. Louvre 22 90 » ; S. D. h. g. : « Thayaht 21 » ; 9 x 6
Florence, coll. part.

84 Portrait présumé de Mme Vionnet
1922
Crayon
S. D. h. d. : « THAYAHT 22 »
Cachet au tampon : « THAYAHT / 9 Via Dante da Castiglione / Firenze 34-Italia »
27 x 21
Florence, coll. part.

R.A.M. ou Micaelles (Ruggiero Alfredo Michahelles), 1898-1976
Peintre, graveur, sculpteur. C'est le frère d'Ernesto Michahelles, dit Thayaht. Licencié en chimie, il expose dès 1914 à Florence ; en 1924, son frère et lui reçoivent un prix pour la mise en scène d'*Aïda*. Il participe à la mise en place du premier syndicat des Beaux-arts. Après un séjour à Paris,

de 1926 à 1940, il collabore aux périodiques milanais *Rivista illustrata del popolo d'italia* et *Natura* et travaille pour le ministère du tourisme. À partir de 1929, il fait partie du groupe toscan des futuristes, avec son frère, Marinetti, et Marasco, entre autres. Il publie, avec son frère Thayaht, le *Manifeste pour la transformation de l'habillement masculin* en 1932. Un autre séjour à Paris, notamment en 1931, correspond à une étape de sa recherche picturale vers la métaphysique ; il n'en reste malheureusement pas de témoignages puisque ses studios de Montparnasse et de Florence ont été détruits pendant la guerre. Il est considéré comme une personnalité très singulière de la peinture italienne moderne. V.B.
Bibliogr. : archives de l'artiste.

85 Quatre dessins de mode
Vers 1925 ? (les modèles évoquent les années 1917-1919)
Gouache, encre
1 à 3 - S. b. d. : « RAM »
4 - S. b. g. : « RAM »
Florence, coll. part.

86 Projet pour six vignettes
Vers 1931
Plume et encre noire
Tampon : « R.A.M. »
Florence, coll. part.

87

87 Projet pour cinq vignettes
Vers 1931
Plume et encre noire
Tampon : « R.A.M. »
Florence, coll. part.

Andrea De Chirico, dit Alberto Savinio, 1891-1952
Poète, écrivain, peintre, musicien. C'est le frère du peintre Giorgio De Chirico. Il arrive à Paris en 1910. Il y rencontre Larionov et

Gontcharova et se lie avec toute l'avant-garde artistique, notamment Apollinaire (il collabore à sa fameuse revue *Soirées de Paris*). C'est durant cette période qu'il adopte le pseudonyme de Savinio. Il reste en France jusqu'à l'entrée en guerre de l'Italie. Il séjourne à nouveau à Paris de 1926 à 1933. Très proche de la peinture métaphysique, il se tourne ensuite vers le surréalisme et est, en Italie, le principal propagateur du mouvement.
Bibliogr. : cat. expo. Rome, Palais des Expositions, 1978.

88 Dessin textile à décor de masques d'inspiration africaine pour la robe n° 92
Vers 1930
Tempera
32 x 50,5
Rome, coll. part.
Dans une lettre adressée à son épouse en mars 1931, Savinio donne des précisions sur l'impression des textiles d'après ses dessins. L'artiste évoque le fabricant lyonnais Coudurier-Fructus-Descher (cf. cat., Vérone, 1990-1991, p. 367). V. B.

89

89 Robe
1931
Crêpe de soie imprimé
Rome, coll. part.

90 Robe
1931
Crêpe de soie imprimé
Rome, coll. part.
Une photo du textile a été publiée dans Jardin des Modes (15 juillet 1931, n° 144, p. 428). L'article de ce périodique, « De l'influence des colonies », note la collaboration des fabricants de tissus et des artistes : Savinio avec le soyeux lyonnais Coudurier-Fructus-Descher à l'occasion de l'exposition coloniale de 1931.

LE SUPRÉMATISME RUSSE
Rozanova, Malévitch, Souïetine, Tchachnik

Olga Rozanova, 1886-1918
Peintre, graphiste et dessinatrice d'art appliqué. Elle étudie notamment à l'Institut de peinture et de sculpture Bolchakov et à l'Académie Stroganov de Moscou (1904-1910). En 1915, elle expose à « 0.10 » à Pétrograd, exposition qui marque la naissance du suprématisme de Malévitch. Elle fait partie du groupe Supremus (1916), avec, entre autres, Popova, Natalia Davydova. Elle s'insère dans le groupe d'artistes qui ont fait « le premier pas vers une nouvelle représentation formelle des objets du réel » (cat. expo. Nice, 1995, p. 220).
Bibliogr. : cat. expo. 1992, Elsinki, Helsingin Kaupungin, Taidemuseo.

91 Projet de sac
1916-17
Encre et aquarelle
28,5 x 25,5
Saint-Pétersbourg, musée d'État russe, inv. RS 8214

92 Trois projets de robes suprématistes
1917-1918
Crayon
1 - 29 x 13,2 ; inv. RS 8209
2 - 44 x 16 ; inv. RS 8210
3 - 33,4 x 9,5 ; inv. RS 8213
Saint-Pétersbourg, musée d'État russe

Kasimir Malévitch, 1878-1935
Peintre. Son célèbre « carré noir sur fond blanc », et d'autres peintures qui le consacrent comme le fondateur du suprématisme, sont présentés en 1915 à Pétrograd (exposition 0.10) ; il fonde le groupe Supremus en 1916 (le comité de rédaction de la revue, jamais publiée, comprend Olga Rozanova, Lioubov Popova, Nadiejda Oudaltsova, Alexandra Exter, Natalia Davydova, etc.) et, en 1920, le collectif d'Ounovis (Affirmation du nouveau en art, Vitebsk). Depuis 1918, il enseigne dans la section des arts plastiques (Izo) du Narkompros (Commissariat du peuple à l'instruction) de Moscou, et, à partir de 1923, il dirige le Ginkhouk de Pétrograd (Institut national de la Culture artistique). Au sein de l'Institut, il dirige la section théorique et

formelle ; Ilia Tchachnik et Nikolaï Souïetine y collaborent.
Bibliogr. : cat. d'expo. Amsterdam, 1989 ; J.-C. Marcadé, Paris, 1990 ; F. Valabrègue, Marseille, 1994.

93 Projet de robe suprématiste
1923
Aquarelle
Annotation d. : « La synthèse de l'édifice architectural sera atteinte quand toutes les formes de tout ce qui en fait partie seront liées par l'unité de leur forme et de leur couleur. En conséquence, la peinture, la sculpture et l'architecture doivent être étroitement liées. L'ancienne relation établie par le classicisme doit être remplacé par de nouvelles formes et de nouvelles fonctions ; sous le dessin : Robe suprématiste. » Et « Comprenant que la nouvelle architecture du futur revêtira les formes suprématistes, il sera essentiel d'élaborer un ensemble complet de formes en relation directe avec la forme architecturale. Ce dessin est destiné à une robe. K. Malévitch ». (d'après la traduction du cat. expo., Amsterdam, 1989, ill. 170).
19 x 17
Saint-Pétersbourg, musée d'Etat russe, inv. RS B 33

94 Projet de robe suprématiste
1923
Aquarelle
Annotation en russe sous le dessin : « Dessin suprématiste d'une robe » ; à d. : « Quel que soit le style de l'architecture industrielle – suprématico-dynamique, ou statique, ou cubique –, il faudra, pour qu'il y ait harmonie avec les formes architecturales, réviser les meubles, la vaisselle, les robes, les ornements et la peinture existants. Gardant à l'esprit que l'évolution de l'architecture possédera dans une large mesure l'harmonie suprématiste des formes fonctionnelles, j'ai exécuté le dessin d'une robe en conformité avec la peinture sur les murs, suivant le contraste des couleurs. » (d'après la traduction dans J.-C. Marcadé, Paris, 1990).
18,9 x 16,9
Saint-Pétersbourg, musée d'État russe, inv. RS 97

95 Trois projets de bijoux suprématistes
Vers 1923

Crayon et aquarelle
- Projet n° 1
Annotation en russe h. m. : « n° 1 » ; b. m. : « Plaque d'émail blanc avec carrés noirs et rouges. L'émail coloré est appliqué sur une plaque étroite et rectiligne de maillechort (alliage de cuivre, zinc et nickel). Broche (Camée "Supremus" pour la poitrine) »
10,5 x 6
- Projet n° 2
Annotation en russe h. m. : « Style Supremus » ; d. « n° 2 » ; b. m. : « Forme carrée. Fond émaillé, grandeur nature. Émail rouge et noir. Esquisse au crayon des lignes bleu cobalt et de la bordure verte. Broches. »
8,5 x 7,5
- Projet n° 3
Annotation en russe h. m. : « n° 3 » ; b. m. : « Également en émail. »
6 x 6
Londres, coll. Julian Barran
En 1928, Mansouroff part pour l'Europe ; Malévitch lui offre trois aquarelles miniatures, des esquisses pour des broches en émail : « avec des explications notées par Malévitch le jour de mon départ de Léningrad pour Odessa et l'Italie. Ce sont ses dernières compositions suprématistes. Les meilleures que j'ai vues. Je suis pauvre, mais je les garde. Je l'ai vu le faire. »
(cat. expo. Nice, 1995, p. 23)

96 Trois bijoux suprématistes reconstitués d'après les dessins de Malévitch
Or et émail
Londres, coll. part.

Nikolaï Souïetine, 1897-1954
Peintre et peintre sur porcelaine. Il étudie à l'Institut de Vitebsk de 1918 à 1922. Membre fondateur de l'Ounovis (« Affirmation du nouveau en art »). De 1922 à 26, il est membre du Ginkhouk (Institut national de la Culture artistique). En 1923, il travaille à l'usine de porcelaine M.V. Lomonossov à Léningrad. En 1925, il participe à l'Exposition internationale des arts décoratifs et industriels modernes à Paris.
Bibliogr. : Cologne, galerie Gmurzynska, 1992.

97 Deux dessins textiles
Vers 1923-27
1 - Encre de Chine et crayon de papier ; 19,5 x 28 ; inv. RS B 128

2 - Encre de Chine, aquarelle et crayon de papier ; 15,3 x 27 ; inv. RS B 131
Saint-Pétersbourg, musée d'État russe

98 Dessin textile
Gouache, encre de Chine et crayon
S. D. : « SUETIN 24 » ; annotation en russe b.d. : « Projet pour un dessin textile »
32 x 42
Londres, coll. Nikita D. Lobanov Rostovsky
« Les esquisses réalisées par Souïétine entre 1923 et 1927 présentent des traits caractéristiques (...) du style créé par les peintres suprématistes. C'est avant tout un choix de formes à angles droits, leur association selon des axes parallèles ou perpendiculaires, une répétition symétrique et une gamme limitée de couleurs. » (dans cat. expo. Nice, 1995, p. 220).

Ilya Tchachnik, 1902-1929
Peintre sur porcelaine et décorateur. Il commence des études à Vitebsk et au Vkhoutémas de Moscou. Il travaille entre 1923 et 1925 avec Souïétine à l'usine de porcelaine M. V. Lomonossov. En 1925, il participe à l'Exposition internationale des arts décoratifs et industriels modernes à Paris. C'est un membre fondateur de l'Ounovis (Affirmation du nouveau en art).

99 Deux dessins textiles
Vers 1923-25
Encre de Chine et aquarelle
1 - 32,9 x 47,3 ; inv. RS B 141
2 - 32,7 x 24,4 ; inv. RS B 145
Saint-Pétersbourg, musée d'État russe

LES ARTISTES RUSSES ET LES MAISONS DE COUTURE À PARIS
Gontcharova, Delaunay

Natalia Gontcharova, 1881-1962
Peintre, dessinateur, créateur de costumes et décorateur de théâtre. Elle fait ses études à Moscou. En 1905, elle rencontre Serge Diaghilev. En 1910, elle appartient au groupe de peintres « Le Valet de Carreau » avec Mikhaïl Larionov, son époux. « À partir de 1912, Gontcharova dessine des projets de costumes pour Lamanova (maison de couture moscovite). Lamanova lui avait demandé de ne pas s'occuper

de la forme car, disait-elle, ce qui l'intéressait, c'était l'invention de Gontcharova dans le seul domaine de l'ornement. » (M. Larionov, *Tchisla*, 1930, 1er cahier trimestriel, p. 245)

En 1913, le couple pose les fondements du rayonnisme. En 1914, après un voyage à Rome, Gontcharova expose à Paris à la galerie Paul Guillaume et commence à travailler pour les Ballets russes de Diaghilev (*Le Coq d'or* de Rimsky Korsakof). En 1917, elle s'installe définitivement à Paris.

Bibliogr. : cat. expo. Paris, MNAM, 1995.

100 « Phénicienne ». Projet de la robe publiée dans la revue *Tchisla*
Entre 1922 et 1925
Crayon et gouache
Mention manuscrite à la gouache en haut à droite « Phénicienne » ; s.b.d. « N. Gontcharova ».
86 x 66
Paris, coll. part.
Modèle publié en 1930, illustrant un article de Larionov dans la revue Tchisla *(cf. biographie* supra*)*

101 « Pensée ». Projet de cape du soir brodée
Entre 1922 et 1925
Crayon et gouache
Mention manuscrite à la gouache en haut à droite « Pensée » ; s.b.d. « N. Gontcharova »
63,5 x 54,5
Paris, coll. part.
Modèle analogue publié dans l'Art et la Mode, 25/07/1925

102 Projet de robe à jupe portefeuille asymétrique brodée, écharpe assortie (modèle de profil)
Entre 1922 et 1925
Crayon et gouache ; s.b.d. à la gouache « N. Gontcharova »
75,4 x 35,3
Paris, coll. part.

103 « Mongole ». Projet de robe noire à volants asymétriques brodés
Entre 1922 et 1925
Crayon et gouache
Mention manuscrite à la gouache en haut à droite « Mongole » ; s.b.d. à la gouache « N. Gontcharova »
75,5 x 53,5
Paris, coll. part.

104 « Topaze ». Projet de robe du soir jaune brodée à deux pans brodés
Entre 1922 et 1925
Crayon et gouache
Mention manuscrite à la gouache,

en haut à gauche « Topaze » ; s.b.d. à la gouache « Gontcharova ».
57 x 39,3
Paris, coll. part.

105 « Lise ». Projet de robe noire à broderies latérales
Entre 1922 et 1925
Crayon et gouache
Mention manuscrite au crayon en haut à gauche « Lise » ; s.b.d. à la gouache « N. Gontcharova » ; à gauche du modèle, au crayon « Jaune, blanc, rose, jaune, blanc, rose/ orang, -blanc, -jaune, -rose, -rouge, -blanc, jaune pale »
53,2 x 37,4
Paris, coll. part.

106 « Claire de lune ». Projet échantillonné de robe du soir mauve brodée argent
Entre 1922 et 1925
Crayon et gouache
Mention manuscrite à la gouache en haut à gauche « Claire de lune » ; s.b.d à la gouache « Gontcharova » ; 2 échantillons textiles : satin de soie et fils métalliques argent ; taffetas de soie et fils métalliques argent, et 2 fils métalliques argent pour broderies enroulés ; étiquette « J. Rémond et Cie. Paris Lyon, 49 232 /24 35 40/3 » épinglée à gauche.
58 x 39
Paris, coll. part.

107 « Étoile de mer ». Projet échantillonné de robe longue rouge, à un pan sur le côté droit du modèle
Entre 1922 et 1925
Crayon et gouache
Mention manuscrite à la gouache en haut à gauche « Étoile de mer » ; s.b.d. à la gouache « N. Gontcharova ». L'échantillon épinglé à gauche porte la mention manuscrite « Bianchini / Crêpe sublime /10 ».
55,3 x 39
Paris, coll. part.
Un modèle analogue est conservé dans les collections du Victoria & Albert Museum (inv. Circ 329.1968)

108 Manteau d'intérieur
Entre 1922 et 1925
Taffetas de soie avec décor d'applications
Paris, MMC, inv. 1996

109 Veste
Entre 1922 et 1925
Velours de soie brodé
Paris, musée de la Mode et du Costume, inv. 1995-65-1

Sonia Delaunay
Voir les articles du catalogue
Bibliogr. : cat. expo. Zürich, musée Bellerive, 1987.

■ **Dessins**

110 Robe-poème « Le Ventilateur tourne »
1923
Encre de Chine
Texte de Tristan Tzara : « Le ventilateur tourne dans le cœur de la tête / La fleur du froid serpent des tendresses chimiques. »
31,5 x 21
Paris, Bibliothèque nationale de France

111 Robe-poème « Cette Éternelle femme »
1922
Aquarelle
35,7 x 30
Paris, Bibliothèque nationale de France

112 Projet d'un pyjama pour Tristan Tzara
1923
Gouache et aquarelle, encre de Chine
29 x 21
Paris, coll. Jacques Damase

113 Robe d'enfant
Maquette de la planche 6 de l'Album *Sonia Delaunay, ses peintures, ses objets, ses tissus simultanés, ses modes.* Préface d'A. Lhote. Poèmes de B. Cendrars, J. Delteil, T. Tzara, P. Soupault. Paris, Librairie des arts décoratifs, (1925) 20 planches.
20,5 x 9
Paris, Bibliothèque nationale de France

■ **Robes et manteaux**

114 Robe simultanée
1913
Pièces textiles diverses assemblées
Paris, coll. part.

Robe portée par l'artiste au Bal Bullier (cf. G. Bernier, M. Schneider-Maunoury, 1995, p. 137 sq.)

115 Manteau
1924
Toile de coton entièrement brodée de fils de laine et soie (point de Hongrie, dénommé aussi point Bargello, la broderie se compose de points droits parallèles ou verticaux qui montent et descendent suivant le motif suivi)
Paris, musée de la Mode et du Costume, don de Mme Annette-Jean Coutrot, inv. 1971 24 2
Modèle reproduit dans Vogue, *1er septembre 1924, p. 23 : « cette broderie nouvelle (...) constitue à elle seule toute l'épaisseur du tissu ».*

116 Robe-tunique
Vers 1927
Crêpe de Chine, soie imprimée
Paris, MMC, don de Mme Annette-Jean Coutrot, inv. 1971 24 1

117 Robe et boléro
Vers 1930
Crêpe satin, soie jaune imprimée de raies diagonales rouges, blanches, vertes et bleues
Paris, MMC, don de Mme Annette-Jean Coutrot, inv. 1971 24 4 A. et B.

118 Ensemble du soir
Vers 1930
Mousseline, soie peinte à décor floral
Paris, MMC, don de Mme Annette-Jean Coutrot, inv. 1971 24 5 A. B. C.

■ **Vestes et gilets**

119 Veste
Vers 1925-27
Filet de laine jaune, orange et vert
Paris, musée de la Mode et du Textile, coll. UCAD, inv. 47 698

120 Gilet
Vers 1925-27
Filet de laine vert
Paris, musée de la Mode et du Textile, coll. UCAD, inv. 47 701

121 Veste d'intérieur portée par Jean Coutrot
1928
Toile entièrement brodée de fils de laine
Paris, coll. A.-J. Coutrot

122 Veste « Salambo »
1928
Façonné de soie, rebrodé
Paris, coll. A.-J. Coutrot

123 Veste
Mai 1928
Toile de lin brodée et peinte
Paris, coll. A.-J. Coutrot

124 Veste « Arlequin »
Vers 1928
Crêpe de Chine, soie imprimée
Paris, MMC, don de Mme Annette-
Jean Coutrot, inv. 1971 24 6

125 Veste-gilet
Vers 1928
Tapisserie de laine (basse lisse),
deux moitiés de manche séparées
Paris, musée de la Mode et du
Textile, coll. UCAD, inv. 47 697

■ **Tenues de plage**

126

Sophie Taueber et Sonia Delaunay en Bretagne,
contretype, vers 1929.

**126 Tenue de plage : sac, ombrelle,
tunique et short**
1928
Toile de coton, impression à la
planche (rayures irrégulières jaune
maïs, jaune citron, noires et
blanches)
Sac et ombrelle
Paris, musée de la Mode et du Textile,
coll. UFAC, inv. 65 10 10 A. et B.

Tunique et short
Mulhouse, musée de l'Impression
sur Étoffes, inv. 980 621 1 et 2
Bibliogr. : cat. expo. Zürich, 1987,
n° 89-90-91, p. 140-141, ill. n° 51.

127 Costume de bain
1928
Jersey de coton brodé (noir, bleu,
rouille, vert tendre)
Mulhouse, musée de l'Impression
sur Étoffes, inv. 980 629 1
Bibliogr. : cat. expo. Zürich, n° 96,
p. 141, ill. n° 53

128 Maillot de bain
Tricot, jersey de laine
Paris, MMC, don de Mme Annette-
Jean Coutrot, inv. 1971 24 7
*Le maillot de bain a été tricoté
par Annette-Jean Coutrot d'après un
carton de Sonia Delaunay qui n'avait
alors pas de tricoteuse parmi ses
ouvrières.*

■ **Châles et écharpes**

129 Écharpe
Vers 1925
Façonné, laine
136 x 23
Mulhouse, musée de l'Impression
sur Étoffes, inv. 980 635 1

130 Châle
Vers 1926-27
Crêpe de Chine, crêpe Georgette,
soie lamée et panne de velours
de soie assemblées
Paris, musée de la Mode et du
Textile, coll. UFAC, inv. 65 10 7

131 Écharpe
Vers 1925-27
Sergé de laine gratté à décor brodé
Lausanne, école polytechnique
fédérale, donation Sartoris
*Offerte à Alberto Sartoris par Michel
Seuphor (1901-19...), qui établi à
Paris en 1925, constitue en 1929,
le groupe « Cercle et carré ».*

**132 Écharpe à poches, assortie
à un bonnet**
1928
Sergé de laine gratté à décor brodé
160 x 24
Paris, coll. A.-J. Coutrot

■ **Cravates**

133 Trois cravates
Façonnés, laine
Paris, Musée national d'Art
moderne, inv. AM 1972 / 32 ;
AM 1972/33 ; AM 1972 / 34

■ **Sacs**

134 Sac
Toile de coton, impression
à la planche en relief
Mulhouse, musée de l'Impression
sur Étoffes, inv. 980 622 1

**135 Pochette imprimée à pois
jaunes, noirs et gris**
Crêpe de soie, impression
à la planche en relief
Mulhouse, musée de l'Impression
sur Étoffes, inv. 980 617 1

136 Sac
1928
Broderie de laine, fermoir
métallique doré
Paris, coll. A.-J. Coutrot

■ **Chapeaux**

137 Quatre bonnets d'automobiliste
1924-1928
Toile brodée de fils de laine et de
soie
Paris, MMC, don de Mme Annette-
Jean Coutrot, inv. 1971 2 24

138 Chapeau
1928-1929
Toile de coton, impression
à la planche
Mulhouse, musée de l'Impression
sur Étoffes, inv. 980 630 1
Bibliogr. : cat. expo. Zürich, 1987,
n° 93, p. 141, ill. n° 56

139 Chapeau
Vers 1925
Laine crochetée (bleu, deux tons
de vert)
Mulhouse, musée de l'Impression
sur Étoffes, inv. 980 626 1
Bibliogr. : cat. expo, Zürich, 1987,
n° 73, p. 138

■ **Boutons**

140 Boutons
Bois
Paris, coll. Schneider-Maunoury

■ **Textiles**

141 Échantillon textile
Crêpe de soie, impression à la
planche
47 x 17
Mulhouse, musée de l'Impression
sur Étoffes, inv. 980 531 2

142

142 Échantillon textile
1929
Velours de soie, impression
à la planche en relief
63 x 49
Mulhouse, musée de l'Impression
sur Étoffes, inv. 980 512 1

143 Quatre échantillons textiles
1929-30
Mousseline de soie, impression
à la planche en relief
51 x 40 ; 50 x 40 ; 55 x 40 ;
50 x 40
Mulhouse, musée de l'Impression
sur Étoffes, inv. 980 607 1-2-3-5

144 Échantillon textile
Jersey de laine angora imprimé
Paris, musée de la Mode et du
Textile, coll. UCAD inv. 40 409

145 Liasse d'échantillons textiles
Vers 1925
Paris, musée de la Mode et du
Textile, coll. UCAD inv. 47679
A 682

❙ **SOPHIE TAEUBER**

Sophie Taueber et la « Tête Dada », 1920,
Zurich, photographie anonyme.

Sophie Taeuber, 1889-1943
Artiste suisse, épouse de Jean Arp.
Membre du Werkbund suisse en
1916, elle est professeur à l'école
des arts appliqués de Zurich où elle
dirige la section textile jusqu'en

153

1929. Elle entre en contact avec le groupe des dadaïstes. Elle participe à l'exposition du Werkbund, « Arts de la maison » et expose également en 1919 au Kunsthaus de Zurich (colliers, réticules, marionnettes). En 1925, elle fait partie du jury de la section helvétique de l'Exposition et expose en même temps. À partir de 1927, le couple Arp s'installe en France. Sophie et Jean Arp participent également aux réunions de Michel Seuphor, à Vanves. En 1930, elle est membre de Cercle et Carré et en 1932, d'Abstraction-Création.
Bibliogr. : cat expo., Paris, Lausanne, 1989-1990. (Voir article de G. Mahn.)

146 Réticule
1917
Perles formant un décor de damier ; fond laine crochetée
Zurich, musée Bellerive, inv. 7591

147 Réticule
1918, exposé au Werkbund suisse
Perles formant un décor de damier avec un arbre stylisé orange
Zurich, musée Bellerive, inv. 7659

148 Réticule
1919
Perles formant un décor géométrique à fond blanc
Zurich, musée Bellerive, inv. 7790

149

149 Pantalon porté par l'artiste
Vers 1922
Textiles divers assemblés (soie et coton) en patchwork
Clamart, Fondation Arp

150

150 Écharpe
Vers 1922
Crêpe de soie
116 x 39
Clamart, Fondation Arp

151 Boutons au sigle « A »
Métal
Clamart, Fondation Arp

152 Pages d'un album de quinze échantillons textiles
Vers 1922-1926
Toile de coton imprimé
Clamart, Fondation Arp

153 Gant (main gauche)
1939
Tricot de coton
Clamart, Fondation Arp

FABRIQUES TEXTILES À MOSCOU
Maïakovskaïa, Popova, Rodtchenko, Stépanova, la fabrique n° 1, Lamanova

Liudmilla Maïakovskaïa, 1884 (ou 1889?)-1976?
Née à Nikitine (en Arménie). Elle étudie de 1904 à 1910 à l'Académie Stroganov à Moscou. En 1909, elle travaille dans l'atelier de la fabrique Moussi où elle apprend à travailler à l'aérographe. En 1910, elle entre à la manufacture des « Trois Montagnes » (« Triokhgornaya », aussi dénommée Prokhorov, du nom de son propriétaire) où elle va diriger l'atelier d'aérographie jusqu'en 1927. Le travail de cet atelier, expérimental, représentait 1 à 2 % de la production de l'usine et en servait la promotion. Vers 1921, l'atelier de broderie des Vkhoutémas étant jugé trop artisanal est remplacé par un atelier d'aérographie qu'elle dirige. En 1925, la fabrique envoie des travaux à l'Exposition de Paris. Elle y remporte une médaille d'argent. Peu de temps après, la manufacture se consacre exclusivement à la fabrication des textiles de coton. L'atelier de l'artiste est transféré à la fabrique de soie, la « Krasnaya Rosa »

(« Rose rouge »). Elle est encore récompensée à l'issue de l'exposition des Textiles domestiques pour ses recherches dans le domaine de l'aérographie. En 1930, elle est très affectée par la mort de son frère, le poète Vladimir Maïakovski et, en 1934, elle arrête de travailler à la fabrique pour se consacrer à la pédagogie. Elle continue d'enseigner au Vkhoutémas (puis Vkhoutein) et, de 1931 à 1948, à l'Institut du textile de Moscou.
Bibliogr. : Khan Magomedov S., Paris, 1990, vol. 2, p. 709
L'invention de l'aérographe peut être datée de la fin du siècle dernier (brevet américain de 1888 ; brevet anglais 1893). Il eut de nombreuses utilisations (peinture murale, photographie – en particulier la retouche –, céramique et textile). Maïakovskaïa utilise un appareil pourvu d'une pompe à pied qui alimente le pistolet à main. Ce mode d'impression, peu onéreux, permet de travailler très vite. Georges Gilone (Dictionnaire pratique des tissus, Lyon, 1930, impr. Bosc fr. et Riou, p. 258) décrit en ces termes le mode d'impression à l'aérographe : « Le tissu étant fixé sur une table d'impression, le cache de la première couleur est posé successivement sur le tissu et, à chaque pose, la couleur est pulvérisée à travers les motifs ouverts dans ce cache. La première couleur terminée, on procède de la même façon pour les autres nuances (...). Ce procédé ne permet que l'obtention d'ombrés ou d'effets de couleurs à l'exclusion des teintes plates obtenues par tous les autres procédés. » Outre le pochoir, Maïakovskaïa utilise également les procédés de ligatures et de pliages. Avant les années 20, Maïakovskaïa travaille sur un support textile de coton principalement. Après l'annexion des républiques du Sud à l'Union, entre 1920 et 1925, à forte tradition séricicole, elle bénéficie d'une production de grande qualité.

154 Deux portraits de l'artiste dans l'atelier d'aérographie
1911
Photographies anonymes
13,9 x 8,7 chacune
Moscou, musée Maïakovski, inv. 24 524

154

155 Portrait de l'artiste présentant ses travaux destinés à l'Exposition de Paris
1925
Photographie anonyme
17,4 x 13
Moscou, musée Maïakovski, inv. 22 858

■ **Échantillons textiles**
Moscou, musée Maïakovski

a/ fond toile ou satin de coton imprimé :

156 Échantillon textile (décor de ligatures)
1910
Satin de coton
24,5 x 17,5
inv. 22 636

157 Échantillon textile (effet de tulle surimprimé)
1910
Satin de coton
23,3 x 13
inv. 29 500

158 Gamme de trois échantillons textiles (cercles multicolores sur fond blanc)
1914
Toile et satin de coton
1 - 14,5 x 5 ; inv. 30 397-288
2 - 11,3 x 4,4 ; inv. 30 397-290
3 - 11,3 x 4,6 ; inv. 30 397-293

159 Gamme de trois échantillons textiles (cercles multicolores sur fonds différents)
1914
Toile et satin de coton
1 - 9,7 x 4,3 ; inv. 30 397-310
2 - 9,8 x 4,0 ; inv. 30 397-311
3 - 9,9 x 4,4 ; inv. 30 397-316

160 Gamme de cinq échantillons textiles (lignes irrégulières et cercles)
1914
Toile et satin de coton
1 - 10,4 x 5,0; inv. 30 397-362
2 - 10,3 x 5,3; inv. 30 397-363
3 - 10,3 x 5,5; inv. 30 397-365
4 - 10,2 x 5,5; inv. 30 397-366
5 - 10,3 x 5,5; inv. 30 397-367

161 Gamme de trois échantillons textiles
1927
Satins de coton
1 - 16,5 x 11,5; inv. 30 397-469
2 - 16 x 12,4; inv. 30 397-447
3 - 14,8 x 11,5; inv. 30 397-448

b/ fond crêpe ou satin de soie :

162 Échantillon textile (dégradé rose-vert)
1920
16,5 x 15,5
inv. 29 475

163 Échantillon textile (marbrures blanches sur fond turquoise)
1920
24,3 x 18,7
inv. 29 478

164 Échantillon textile (effet d'armures textiles)
1920
33 x 27,7
inv. 29 477

165 Échantillon textile (fond beige)
1920
54 x 40
inv. 29 465

166 Échantillon textile (fond noir)
1920
32,5 x 27,5
inv. 29 469

167 Échantillon textile (fond noir)
1920
17 x 16
inv. 29 463

c/ fond velours de coton ou de soie :

168 Échantillon textile (triangles)
1925
32,8 x 14
inv. 29 458

169 Échantillon textile (triangles)
1925
32,5 x 29,5
inv. 29 505

170 Échantillon textile (fond noir, décor floral stylisé)
1927
34,7 x 28,5
inv. 29 510

171 Échantillon textile (cercles irréguliers et marbrures)
1927
34,4 x 28,6
inv. 29 454

172 Échantillon textile (cercles)
1927
22 x 21,5
inv. 29 442

173

173 Échantillon textile (cercles marbrés)
1927
41 x 23
inv. 29 509

174 Échantillon textile (marbrures)
1927
16 x 27,9
inv. 29 460

d/ fond sergé de laine :

175 Échantillon textile
1927
32 x 15,5
Moscou, musée Maïakovski,
inv. 29 503

■ **Vêtements et accessoires**

176 Châle
1925
Mousseline de soie
120 x 57
Moscou, musée Maïakovski,
inv. 29 462

177 Robe portée par l'artiste
1929
Mousseline de soie
Moscou, musée Maïakovski,
inv. 30 397(156)

Liubov Popova 1889-1924
Peintre, dessinatrice de textiles et de modèles, décoratrice de théâtre. Elle effectue de fréquents voyages en Italie et à Paris de 1910 à 1914 et participe à toutes les expositions majeures de l'avant-garde de 1915 à 1917. En 1917, elle collabore à l'entreprise d'Alexandra Exter et de Natalia Davydova (villages de Stopcy et de Verbovka). De 1920 à 1924, elle enseigne la théorie de la couleur à la section de base des Vkhoutémas et aussi, à partir de 1921, « l'analyse des éléments de la mise en forme des matériaux » au théâtre de Meyerhold. Dans le « *Cocu magnifique* »(1922), elle dessine pour tous les acteurs une combinaison bleue qu'elle dénomme « vêtement de travail de l'acteur ». De 1923 à sa mort, le 25 mai 1924, elle dessine avec Varvara Stépanova des textiles pour la fabrique de cotonnades n° 1. Certains de ses modèles de vêtements sont reproduits dans la revue *Atelier*.
Bibliogr. : L. Popova, Paris, 1989.
(Voir articles de A. Nakov et de A. Lavrentiev, *supra*).

■ **Projets de vêtements et dessins de leur textile**

178 Projet de manteau
1923-24
Encre de Chine et gouache
23,8 x 16,5
Moscou, musée Tsaritsino,
inv. 4500

179 Projet de robe et dessin textile (cercles bleu et blanc, rayures noires et blanches disposées en chevrons)
1923-24
Encre de Chine et gouache
1 - Projet de robe : 21,1 x 9,9;
inv. 4511
2 - Dessin textile; 35,5 x 24,8;
inv. 4489
Moscou, musée Tsaritsino

180 Projet de robe et dessin textile (quadrillage noir et blanc inscrit dans un carré puis un rectangle rouge)
1 - Projet de robe; encre

180

de Chine et gouache; 29,5 x 12;
inv. 4510
2 - Dessin textile; gouache sur carton; 36 x 21,5; inv. 4490
Moscou, musée Tsaritsino

181 Projet de robe et dessin textile (décor mur)
Vers 1923-24
Encre de Chine et gouache
1 - Projet de robe; 22,6 x 10,6;
inv. 4503
2 - Dessin textile; 26,8 x 18;
inv. 4456
Moscou, musée Tsaritsino

182 Projet de robe et dessin textile (disques à rayures concentriques)
1923-24
Encre de Chine et gouache
1 - Projet de robe; 23,3 x 12,8;
inv. 4501
2 - Dessin textile; inv. 4454
Moscou, musée Tsaritsino

■ **Autres dessins textiles**

183 Dessin textile (carrés bichromes noirs et blancs)
1923-24
Encre de Chine et gouache
7,2 x 7,2
Moscou, musée Tsaritsino,
inv. 4463

184 Dessin textile (carrés bichromes noirs et oranges)
1923-24
Encre de Chine et gouache
9,4 x 8,4
Moscou, musée Tsaritsino, inv. 4425

185 Dessin textile (rectangles finement rayés bleu et blanc)
1923-24
Gouache
12,5 x 10,5
Moscou, musée Tsaritsino,
inv. 4445

Alexandre Rodtchenko, 1891-1956
Peintre, sculpteur, constructeur, décorateur de théâtre, graphiste et photographe. Époux de Varvara Stépanova. En 1911, il étudie à l'école d'art de Kazan puis en 1914, dans la section graphique de l'Institut Stroganov de Moscou. Ses premiers costumes de théâtre sont créés pour la pièce d'Oscar Wilde *La Duchesse de Padoue* (1914). En 1919, il enseigne au sein du groupe Prolietkult (Culture prolétarienne) et de 1920 à 1924, il est membre de l'Inkhouk (Institut de la Culture artistique) de Moscou. Jusqu'en 1930, il enseigne aux Vkhoutémas puis au Vkhoutein, dans les facultés du bois et du métal ; c'est en 1922 qu'il conçoit un projet de service à thé à la demande de la faculté de céramique des Vkhoutémas et qu'il dessine une tenue de travail que Varvara Stépanova réalise pour lui seul. En 1925, il participe à l'Exposition internationale des arts décoratifs et industriels modernes à Paris dans quatre catégories : art du livre, art de la rue, théâtre et mobilier ; il y aménage le fameux Club ouvrier.
Bibliogr. : A. Rodtchenko, Paris, 1988.
(voir l'article d'A. Lavrentiev, Sepra)

186 Portrait de Lily Brik
1924
Collage
23,8 x 34,5
Moscou, archives Rodtchenko et Stépanova

Lili Brik (1891-1978), sœur d'Elsa Triolet, épouse en secondes noces le poète Vladimir Maïakovski en 1915. Elle porte sur la tête un tissu imprimé d'après un dessin de Popova.
Bibliogr. : L.Brik , Paris, 1980

187 Dessin textile
1924
Encre de Chine
26 x 18,5
Moscou, archives Rodtchenko et Stépanova

Varvara Stépanova, 1894-1958
Peintre, dessinatrice textile, graphiste, décoratrice de théâtre. Épouse d'Alexandre Rodtchenko. De 1910 à 1913, elle étudie à l'école d'art de Kazan. Après la création des décors et des costumes pour la pièce *La mort de Tarelkine* au théâtre de Meyerhold (1922), elle se consacre pendant deux années, de 1923 à 1925, aux domaines textile et vestimentaire. Pendant une année, elle travaille avec Lioubov Popova pour la Fabrique de cotonnades n° 1 et, à partir de 1924, elle enseigne la composition à la faculté de textiles des Vkhoutémas. Elle présente ses réalisations à l'Exposition de Paris en 1925. En 1927, elle reçoit le troisième prix à l'issue de l'exposition des Textiles soviétiques, à la galerie Trétiakov.
Bibliogr. : A. Lavrentiev, Paris, 1988.
(voir l'article d'A. Lavrentiev, *supra*)

188 Portrait de Varvara Stépanova à sa table de travail, par Alexandre Rodtchenko
Vers 1924
Photographie, tirage moderne
Moscou, archives Rodtchenko et Stépanova

189 Trois dessins textiles
1924
1 - Cercles quadrilobés rayés sur fond orange ; gouache, encre de Chine, vernis ; 46 x 56
2 - Losanges verts rouges et noirs disposés en bandes ; gouache ; 46 x 56
3 - Alternance de carrés rouges et noirs et de lignes en zig-zag disposées en bandes ; 35 x 40
Moscou, archives Rodtchenko et Stépanova
Exposés à l'Exposition des arts décoratifs et industriels modernes de Paris en 1925.

190 Vue de la section soviétique de l'Exposition internationale de 1925 à Paris
Photographie Henri Manuel
Moscou, archives Rodtchenko et Stépanova
Alexandre Rodtchenko est le « maître d'œuvre » de l'aménagement intérieur du club et du pavillon russe de l'Exposition, installée au Grand Palais : « six salles immenses, de huit mètres de haut... » (A. Rodtchenko, Paris, 1988, p. 75 à la date du 19 mai 1925). Pour le décor,

l'artiste a retenu les couleurs rouge, noir, gris et blanc. Derrière le buste de Lénine, au centre, en haut de l'escalier, on peut apercevoir le monument de la IIIe Internationale de Tatline. Les salles exposent successivement sur les thèmes de l'artisanat, des Vkhoutémas, du graphisme, de la publicité, de l'architecture, des porcelaines, des verreries et des tissus. Quelques-uns sont placés de part et d'autre de l'entrée.

191 Toile de coton imprimé (motifs rouges et bleus alternés)
1924
13 x 19,3
Moscou, archives Rodtchenko et Stépanova

192 Toile de laine grattée (flanelle) imprimée (sapins vert et brun se chevauchant sur fond blanc)
1924
33 x 45
Moscou, archives Rodtchenko et Stépanova

193 Dessin textile, échantillon textile et robe (décor de cercles rayés sur fond rayé à la perpendiculaire)
1924
1 - Dessin textile ; 1924 ; 31,5 x 31,7
2 - Échantillon textile ; toile de coton imprimé ; 1924 ; 48 x 77
3 - Alexandre Rodtchenko. Portrait de Stépanova portant une robe dans cet imprimé, photographie, tirage moderne
Moscou, archives Rodtchenko et Stépanova

Fabrique n° 1

194 Trois échantillons textiles
Toile de coton imprimé (cercles)
5 x 11,5 chacun
Moscou, musée d'État historique, inv. 46879/30 n° 4 (fond gris) ; inv. 46879/32 n° 5 (fond bleu foncé) ; inv. 46879/35 n° 6 (fond blanc)

195 Quatre échantillons textiles
Toile de coton imprimé (rectangles et triangles)
5 x 12 chacun
Moscou, musée d'État historique, inv. A 46879/85 (rouge et turquoise) ; inv. A 46879/86 (bleu ciel et bleu foncé) ; inv. A 46879/87 (rose et rouge) ; inv. A 46879/117 (bleu)

196 Deux échantillons textiles
Toile de coton imprimé (lignes parallèles croissantes)
5 x 11,5 chacun
Moscou, musée d'État historique, inv. A 46879/84 (violet) ; inv. A 46879/93 (orange et violet)

197 Quatre échantillons textiles
Toile de coton imprimé (lignes parallèles verticales et triangles)
5 x 11 chacun
Moscou, musée d'État historique, inv. 46879/110 (orange et gris) ; inv. 46879/20 (beige et rose) ; inv. 46879/21 (bleu et gris) ; inv. 46879/31 (vert et bleu)

198 Trois échantillons textiles
Toile de coton imprimé
1 - 29 x 52 ; inv. 101 935 / 105 A 41242 (fond vert)
2 - 11,5 x 12 ; inv. 102 928 / 777 A 46868/9 (vert, rouge et marron)
3 - 11,5 x; 12 ; inv. 102928/777 A 46868/12 (bleu, blanc et turquoise)
Moscou, musée d'État historique,

199 Un échantillon textile
Toile de coton imprimé (fond bleu, effets de pliages gris et orange)
32 x 51
Moscou, musée d'État historique, inv. 101 935 / 113 A41250

Nadiejda Lamanova, 1861-1941
De 1885 à 1917, Lamanova dirige une maison de couture à Moscou. Comme le rapporte Larionov, elle fait travailler Natalia Gontcharova en 1912. À partir de 1919, elle travaille au sein du Narkompros (commissariat du peuple à l'instruction) comme modéliste et chef de l'atelier d'état de production du costume. Elle publie dans les revues *Atelier* et *Krasnaïa Niva* (1923, n° 27 et 30). Pour une robe originale, réalisée avec des essuie-mains brodés, et présentée à Paris en 1925, elle reçoit un prix. La même année, elle publie avec son amie Véra Moukhina un album intitulé *L'Art dans la Vie quotidienne* destiné aux femmes qui confectionnent pour elles-mêmes ou leur famille les vêtements. Cet album propose des patrons de modèles courants (vêtement de sport, costume de pionnier, manteaux, robes et costumes de théâtre). Lamanova dessine aussi de nombreux costumes pour le théâtre et le cinéma.
Bibliogr. : Strijénova, Paris, 1991, p. 68 sq.

200

200 Robe
Vers 1925
Toile de lin brodée au point
de croix, satin de coton
Moscou, musée d'État historique,
inv. b 1782

*Robe portée par l'artiste
Véra Moukhina (1889-1953).
Sculpteur, dessinatrice de textiles
et de vêtements. De 1924 à 1926,
elle enseigne la discipline Volume à
la section de base des Vkhoutémas.*

Anonymes

201 Robe
Vers 1925
Toile de lin, broderies de fil
de coton bleu
Moscou, musée d'État historique,
inv. 10284

202 Robe
Sergé de laine marron.
Réalisé dans une *riassa*
(vêtement ecclésiastique)
par Nina S. Belokurov vers 1925-26.
Paris, coll. Alexandre Vassiliev,
don Nina S. Belokurov.

203 Robe
Vers 1930
Tricot de rayonne noir
Paris, coll. Alexandre Vassiliev

204 Chaussures
Vers 1926-28
Cuir
Paris, coll. Alexandre Vassiliev

205 Deux chapeaux
Paris, coll. Alexandre Vassiliev
1 - Velours de soie vert
Donné par L. Naoumova, un des
costumières du film *d'Ivan
le Terrible* de S. M. Einsenstein
(1943-45).
*Ce chapeau est analogue
aux modèles dessinés par
Véra Moukhina pour l'album* L'Art
dans la Vie quotidienne *(1925).
D'après le collectionneur, il est
proche du style d'Alexandra Exter.*

2 - Tricot de paille orange à passe
relevée en pointe devant.

L'UTOPIE DU VÊTEMENT UNIQUE
Italie, Russie, Allemagne.

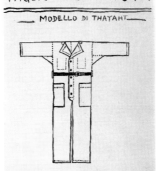

207

Thayaht

207 Projet de « tuta »
1919
Aquarelle, lavis d'encre
Annotation h. m. : « TAGLIO DELLA
TUTA / MODELLO DI THAYAHT »
(« coupe de la tuta, modèle de
Thayaht »); b. m. : « Questo modello
è totalmente tagliato a linee rete.
Per la persona di altezza media ci
vogliono Metri 4.50 di stoffa alta
Centimentri 70 (costa 7 lire al
metro) / Tela d'Africa, tela di canapa
o cotone. » (« Ce modèle est
entièrement coupé en lignes droites.
Pour la personne de taille moyenne,
nous voulons 4,5 mètres d'étoffe de
70 centimètres de largeur
(elle coûte 7 lires le mètre)/ toile
d'Afrique, toile de lin ou coton »)
60 x 40
Florence, coll. part.

208 Projet de « tuta »
1919

Aquarelle, lavis d'encre
Annotation h. m. : MODELLO DI
TUTA / "VESTITO UNIVERSALE"
TUTTO DI UN PEZZO » (« Modèle
de tuta / "vêtement universel"
tout d'une pièce »)
S. b. d. : « THAYAHT »
60 x 40
Florence, coll. part.

209 Patron à échelle réduite de la tuta masculine
« Taglio della tuta, modello Thayaht
a linee rette » (« coupe de la tuta,
modèle de Thayaht en lignes
droites »)
1919
Prospectus (patron de la « tuta »
publié dans *La Nazione*,
17 juin 1920)
35 x 19
Succession Seeber-Michahelles

210 Patron à échelle réduite de la « tuta féminine »
« Tuta femminile » (« tuta féminine »)
1919
Prospectus (patron de la « tuta »
publié dans *La Nazione*,
2 juillet 1920)
35 x 18
Succession Seeber-Michahelles

211 Projet de « bituta » : tunique et pantalon
1921
Aquarelle et lavis d'encre
Annotation h. :« Taglio della bituta /
modello di Thayaht » (« coupe de la
bituta, modèle de Thayaht »);
b. : « Questo modello e totalmente
tagliato a linee rette. La tunica
s'infila di sotto. I pantaloni si
soreggono colla cintura della
tunica. » (« ce modèle est
entièrement coupé en lignes
droites. La tunique s'enfile par en
haut. Les pantalons sont maintenus

212

par la ceinture de la tunique. »)
Succession Seeber-Michahelles

212 Projet de « bituta » : tunique et pantalon
1921
Aquarelle et lavis d'encre
S. b. d. : « THAYAHT »
Annotation h. m. : « Modello di
bituta / cio è una tuta di due
pezzi » (« modèle de bituta. C'est
une tuta en deux pièces »)
60 x 40
Succession Seeber-Michahelles

213 Trois photographies de Thayaht portant la « tuta » et la « bituta »
1919-21
Contretypes
Prêt anonyme

Vladimir Tatline, 1885-1953
Peintre, constructeur, décorateur
de théâtre, architecte. Tout en
étudiant, il sert dans la marine
marchande. En 1914, il se rend
à Berlin et à Paris où il visite
l'atelier de Picasso et, à son retour,
il expose ses premiers reliefs
peints. En 1916, il fait la
connaissance de Rodtchenko. C'est
en 1917 que, dans le cadre de
l'organisation pour la vie nouvelle,
il commence à s'intéresser aux
objets du quotidien et donc aux
vêtements. En 1918-19, à Moscou,
il dirige la section des arts
plastiques (Izo) du Narkompros
(Commissariat du peuple à
l'instruction) et, de 1922 à 1925,
à Pétrograd puis Léningrad, il
dirige la section de la culture des
matériaux du Ghinkhouk (Institut
national de culture artistique).
C'est à partir de 1923 qu'il conçoit
des programmes d'expositions
d'objets quotidiens (vêtements,
vaisselle, etc.).
Bibliogr. : L. Jadova, Paris, 1990 ;
cat. expo. Frankfurt, Schirn Kunsthalle,
1992 ; M. Ray, Rome, 1992 ; cat. expo.
Cologne, Düsseldorf, Baden-Baden,
Moscou, Saint-Pétersbourg, 1993-94 ;
cat. expo. Barcelone, musée Picasso,
1995. (voir l'article de R. Stern, *supra*)

214 Photomontage illustrant le programme de « Novi byt » (« La nouvelle forme de vie ») présenté dans la section de la Culture des matériaux (Léningrad, 1924)
1924
Encre de Chine, crayon et papier
collé
39,7 x 34,0
Moscou, Tsgali (Archives d'État

russe de littérature et d'art)
« Les principales caractéristiques
du manteau qu'on peut voir sur le
dessin sont les suivantes :
légèrement ample à l'épaule et à la
taille, sa forme, qui se rétrécit vers
le bas, empêche la chaleur de
s'échapper par le bas ; la matière
utilisée ne colle pas au corps,
de sorte que la couche d'air ainsi
formée (entre le corps et le
manteau) permet de mieux
conserver la chaleur en jouant
le rôle d'un isolant thermique et de
créer, par ailleurs, de meilleures
conditions d'hygiène. La coupe
a été conçue de façon que la
personne qui porte le manteau
ne soit pas gênée dans ses
mouvements et puisse prendre des
poses naturelles, l'emplacement
des poches étant par ailleurs
fonction de la longueur des bras...
Le manteau s'accompagne
également de deux doublures que
l'on peut boutonner : l'une en
flanelle pour l'automne, l'autre
en fourrure (mouton retourné) pour
l'hiver, doublures que l'on fixe à
l'aide d'un cordon spécial au tissu
léger et imperméable du manteau.
Le manteau étant constitué de trois
pièces indépendantes, chacune
d'entre elles peut être changée
séparément en cas d'usure. La
coupe du complet est faite à peu
près selon les mêmes principes.
Les manches de la veste et les
jambes du pantalon sont également
rétrécies vers le bas. On n'avait pas
prévu de gilet. Le col, combiné,
peut être boutonné jusqu'au
manteau. La toile rigide soulignant
la façon n'a pas du tout été
employée. Le trust de la confection
de Léningrad a participé à la
confection du manteau et du
complet. » (Extrait de « Krasnaya
Panorama », Novi byt, 4 décembre
1924, n° 23 (41), p. 17, sans
signature, découpé et collé sur le
photomontage. Traduction française
dans L. Jadova, Paris, 1990,
p. 429-430).

■ Alexandre Rodtchenko

**215 Dessin de vêtement productiviste
(de face)**
Vers 1922
Encre de Chine et crayon
S. b. d. au crayon noir :
« A. M. Rodtchenko »
36 x 29,5
Moscou, archives Rodtchenko
et Stépanova

**216 Dessin de vêtement productiviste
(de dos)**
Vers 1922
Encre de Chine et crayon
35,5 x 33
Moscou, archives Rodtchenko
et Stépanova

**217 Portrait de Rodtchenko
en combinaison devant les
constructions spatiales démontées**
Vers 1922
Photographie de Kaufmann
36,8 x 25
Moscou, archives Rodtchenko
et Stépanova
*Cette photo représente l'artiste
dans le cadre de son atelier posant
devant des « constructions
spatiales » démontées, travail
expérimental auquel il se consacra
à partir de 1921. Il s'agissait
d'assemblages de formes
géométriques dans l'espace qui
s'affranchissaient de la bi-
dimensionnalité de la peinture.*

Varvara Stépanova

**218 Revue Lef (« Front gauche
de l'art »), 1923, n° 2**
22,2 x 14,7
Moscou, musée Maïakovski,
inv. 27988 (480)
*Lef est une revue de littérature,
d'art et de théorie éditée à Moscou
de 1923 à 1925 (7 nᵒˢ) avec
Maïakovski comme rédacteur
(voir Marcadé, Paris, 1995,
p. 447). L'article de Varvara
Stépanova intitulé « Le vêtement
d'aujourd'hui, c'est le prozodezda »
y est publié (p. 5-7). Le prozodezda
est le vêtement de production.*

**219 Deux projets de costume de
footballeur**
1923
Gouache et encre de Chine
« Maillot à l'étoile rouge » ;
28,7 x 22
« Maillot au cercle barré » ; 30 x 22
Moscou, archives Rodtchenko
et Stépanova
*« Dans ce numéro de Lef (n°2),
nous présentons trois types de
tenue destinées à des équipes de
football : 1/ tricolore (rouge, noir
et gris) avec pour emblème sur la
chemise une étoile rouge ; 2/ en
une seule couleur (rouge) en jersey,
avec un vaste insigne OT sur la
poitrine ; 3 / rayée bicolore(rouge
et blanc), sans signes distinctifs.
Ces tenues se composent d'une
chemise simple à manches droites*

*et de shorts (...). L'uniforme sportif
se caractérise par sa simplicité,
imposée par la liberté de
mouvements. Dans le cas
particulier, on ne trouvera ni
boutons, ni ouvertures qui
entravent le mouvement. »
(d'après Khan Magomedov, Paris,
1990, vol. 2, p. 703)*

220 Revue Lef, 1924, n° 2 (6)
22,2 x 14,7
Moscou, musée Maïakovski,
inv. 27988 (479)

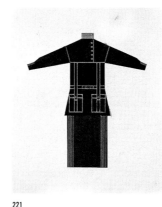

221

**221 Projet pour un vêtement
de production féminin**
1924
Gouache et encre de Chine
30 x 21,5
Moscou, archives Rodtchenko
et Stépanova

**222 Projet de robe, d'une ou de deux
pièces**
1924
Encre de Chine et gouache
29 x 22,5
Moscou, archives Rodtchenko
et Stépanova

**223 Projet de robe, d'une ou de deux
pièces**
1924
Gouache
36,5 x 26
Moscou, archives Rodtchenko
et Stépanova
*« Varvara Stépanova pensait que la
conception de la coupe d'un
vêtement devait se faire en même
temps que la conception du tissu »
(dans A. Lavrentiev, Paris, 1988,
p. 79). L'exacte symétrie du dessin
textile de part et d'autre d'une
ligne de taille abaissée est à noter.
Le haut est légèrement blousant.
L'examen de ce modèle permet de
souligner en contrepoint la relative
exubérance des créations de*

*Popova, qui se révèlent souvent
dotées de ces « détails couture »
que sont les cols, pèlerines,
ceintures...*

Laslo Moholy-Nagy, 1895-1946
Peintre, graphiste, sculpteur
d'origine hongroise. Vivant en
Allemagne depuis 1920, il
remplace Johannes Itten en 1923
pour assurer l'enseignement du
cours préliminaire et la direction
de l'atelier du métal au Bauhaus.
Il quitte le Bauhaus en 1928.

224 Lucia Moholy-Nagy
Portrait de Moholy-Nagy
en combinaison de travail
1926
Photographie, tirage moderne
40 x 30
Berlin, archives du Bauhaus
*« Moholy portait la tenue des
ouvriers de l'industrie moderne...
à cause de ses vêtements,
on lui accola l'étiquette de
constructiviste, disciple de Tatline
ou de El Lissitsky » (dans
F. Whitford, Paris, 1989,
éd. originale 1984, p.123).*

■ **Ensembles de vêtements
reconstitués**

225 Thayaht d'après
Deux tute, masculine et féminine
Paris, MMC
*Reconstitutions de l'atelier
(par Janick Deshoulliers et Marie-
Françoise Prigent). Exécuté
d'après les patrons publiés dans
La Nazione en juillet 1920
(cat. n° et n°).*

226. Popova d'après
Combinaison d'acteur pour
« Le Cocu magnifique »
Saint-Pétersbourg,
musée d'État russe, inv. B 1645
*Exécuté d'après un projet
de vêtement de travail d'un acteur
datant de 1921. Le Cocu
magnifique fut joué au théâtre
de Meyerhold en 1922, décor
et costumes de Popova.*

227 Exter d'après
Robe
Saint-Pétersbourg,
musée d'État russe, inv. B 1638
*Exécuté d'après une planche de
l'article d'A. Exter « Le Vêtement
constructif », dans Atelier, 1923,
n° 1*

228 Stépanova d'après

Jupe et blouse ornée d'une étoile rouge ; Moscou, musée Maïakovski, inv. 31048/1 et 2 ; 1324(2)
Short et blouse ; Moscou, musée Maïakovski, inv. 31047 (1/2) ; 1323 (2).
Exécutés d'après la planche de la Revue Lef *(« Front gauche de l'art »), 1923, n° 2 (voir tenues de sport cat. n° 235)*

| **CRÉATIONS TEXTILES EN FRANCE. AUTOUR DE GABRIELLE CHANEL Iliazd, Survage, Mansouroff**

Ilia Zdanévitch, dit Iliazd, 1894-1975

Poète, typographe et graphiste, théoricien et dessinateur textile. Il publie avec Larionov Pourquoi nous nous peinturlurons et le toutisme (1913). Il émigre à Paris en 1920 : « Arrivé à Paris sans un sou, il est venu voir Sonia à peine rentrée d'Espagne. Elle l'a fait travailler : il fut l'un de ses premiers « nègres ». Il exécutait ses maquettes, recopiait ses dessins » (dans D. Desanti, Paris, 1988, p.188). Sur son activité textile postérieure, voir les articles de S. Buckberrough et « G. Chanel à l'avant-garde russe » *supra*

■ Iliazd et Chanel

230 Plan du métier Rachel
1928
Crayon
26,5 x 38
Marseille, fonds Iliazd

229 Projet pour les parements de la robe de Vera Soudeïkine
14 janvier 1922
Calligraphie aquarellée en lettres cyrilliques. Poème d'Iliazd.
Les manches : 48 x 60
Le col : 60 x 24,5
Paris, Bibliothèque nationale de France, fonds Sonia Delaunay
« Iliazd (...) compose un petit texte destiné à une robe-poème pour la femme du compositeur Stravinsky. Iliazd est avec d'autres membres du groupe 41° l'inventeur du langage « Zaoum » dans lequel les mots sont remplacés par des sons élémentaires chargés de significations multiples. » (dans D. Molinari, Le Plessis-Robinson, 1987, p. 114).

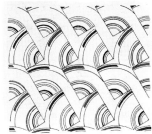

231

231 Onze dessins textiles
Vers 1928-33
Gouache, encre, aquarelle, crayon
Marseille, fonds Iliazd

232 Quatre échantillons textiles
Vers 1928-33
18 x 6,00 ; 18 x 7 ; 9,5 x 4,5 ; 12,7 x 16,6
Marseille, fonds Iliazd

233 Ensemble, jupe, corsage et veste
Vers 1930
Tricot de laine
Paris, musée de la Mode et du Textile, coll. UFAC, inv. 74 29 232

Léopold Survage (Stürzwage), 1879-1968

Peintre. Né à Moscou, il est élève à l'école des beaux-arts puis expose à la « Rose bleue » avec Larionov, Falk et Soudeïkine. En 1909, il émigre à Paris. Un certificat signé Dominique Iribe atteste que Survage est employé dans la société des « Tissus Chanel » du 1er août au 15 novembre 1933, en qualité de dessinateur (D. Abadie, Troyes, 1993, p. 151).

234 Deux projets pour des vêtements féminins
Vers 1933
Crayon
40 x 30 environ
Paris, archives Chanel

Paul Mansouroff, 1896-1983

Peintre, dessinateur textile. Né à Saint-Pétersbourg, il appartient aux milieux de l'avant-garde dès la révolution d'Octobre 1917. En 1923, il dirige le département expérimental de l'Inkhouk (Institut de la culture artistique qui devient Ginkhouk en 1925, c'est-à-dire Institut national de la culture artistique). En 1928, il part pour l'Italie où il est chargé, dans le cadre de « l'établissement de relations culturelles avec l'Occident » de faire connaître en Europe les travaux de l'avant-garde russe. En juin 1929, muni d'une lettre de recommandation de Vladimir Maïakovski, il se rend chez Robert et Sonia Delaunay à Paris. De 1930 à 1956, il dessine et vend des projets à divers fabricants textiles, d'abord appelé par Iliazd dans l'usine des « Tissus Chanel » (1931 et 32). Il travaille régulièrement en 1932, puis en 1938, comme dessinateur-compositeur pour tissu dans les Ateliers Okolow. Il vend des dessins aux fabricants de tissus Ducharne, Anfrie, Fred Levi, Olré, Lesur, Meyer, Chatillon-Mouly-Roussel, Colcombet. Il rencontre Lucien Vogel et sa femme ainsi que Michel de Brunoff, rédacteurs de *Vogue* et de *Jardins des Modes* qui le recommandent dans les maisons de couture, chez Agnès-Drecoll, Worth, Patou, Molyneux, Rodier, Schiaparelli. Grâce à Sonia Delaunay, il dessine pour Joseph de Leeuw, directeur du grand magasin Metz & Co d'Amsterdam, de 1935 à la guerre. En juin 1933, il expose à la galerie d'Albert Levy, Art et Décoration (2, rue de l'Échelle à Paris) des dessins textiles (Roger Nalys, « Les dessins pour mode de Mansouroff », *Art et Décoration*, juin 1933, p. 171 à 175).
Bibliogr. : cat. expo. Nice, musée d'Art moderne et contemporain, 1995 ; Archives galerie Sapone, Nice.

■ Dessins textiles

235 Dessin textile : composition de triangles verts, noirs et blancs
1932-36
Gouache
S. b. d. : « P. Mansouroff »
31 x 23,6
Nice, galerie Sapone, SEG 605

236 Dessin textile : petits carreaux bleus et blancs sur fond noir
1932-33
Gouache
S. b. d. : « P. Mansouroff »
35,7 x 25,2
Nice, galerie Sapone, SEG 754

237 Dessin textile : arabesques bleues, jaunes et blanches sur fond vert
1932-33
Gouache
S. b. d. : « P. Mansouroff »
37,8 x 25,3
Nice, galerie Sapone, SEG 756

238 Dessin textile
1932-33
Gouache
S. b. d. : « P. Mansouroff »
35,7 x 25,2
Nice, galerie Sapone, SEG 754

■ Projets de vêtements

239 Projet de chandail
Vers 1932-37
Gouache et encre
Annotation en russe, au crayon rouge, en bas au centre : « Rodier (?) a volé l'idée »
30,7 x 23,8
Nice, galerie Sapone, SEG 644

240

240 Projet de chandail
Vers 1932-37
Gouache
S. b. d. : « P. Mansouroff »
27 x 20
Nice, galerie Sapone, SEG 618

241 Projet de chandail
Vers 1932-37
Gouache et crayon
S. b. d. : « P. Mansouroff »
27 x 20,8
Nice, galerie Sapone, SEG 617

242 Projet de chandail
Vers 1932-37
Gouache
S. b. d. : « P. Mansouroff »
27 x 20,8
Nice, galerie Sapone, SEG 2240

■ **Cravates**

243 Maquette pour la cravate du duc de Windsor
1936-37
Gouache
Annotation autographe b. m. :
« Original cete deseigne.
P. Mansouroff, vendu pour
Monsieur Brendo (Maison Sulka).
Execouté par Maison Banchini-
Ferier. Roi Edouard VIII (duq
de Windsor) pandent de mariage
aveques Misse Simpson dans la » ;
d. : « son colle abié set cravate.
Reprogui dans le journal Vogue par
M. de Brunhoff. ; g. : set exemplar
ren de 3 varie acose de grander.
Je garde pour moi come souvenir. »
P. M.
20,8 x 13,5
Nice, galerie Sapone, SEG 584
Le duc épouse Wallis Simpson
le 3 juin 1937. La duchesse
de Windsor est habillée par
Mainbocher.
Il existe trois maquettes du textile
de la cravate, réalisé par le
fabricant lyonnais Bianchini-Ferrier.

■ **Document**

**244 Carte « Joyeuses Pâques »
pour Lucien Lelong**
S.d.
Gouache
22x16
Nice, galerie Sapone, SEG 782

■ **Échantillon textile**

245 Échantillon textile
Crêpe imprimé à décor de chevrons
Nice, galerie Sapone

**LE BAUHAUS.
GRETE REICHARDT,
GYULA PAP.
ENSEIGNEMENT ET
RECHERCHES TEXTILES DE
JOHANNES ITTEN.**

**Grete (Margaretha) Reichardt,
1907-1985**
Tisserande. D'avril 1926 à
août 1931, elle étudie à l'atelier
de tissage du Bauhaus de Dessau
sous la direction de Gunta Stölzl.
Elle dirige ensuite un atelier de

tissage à la main à La Haye et,
en 1934, crée son propre atelier
en Allemagne, après d'Erfurt.

246 Robe
1927-29
Façonné. Laine bleu marine
et blanche.
Dessau, Stiftung Bauhaus,
Sammlung, inv. I 8799 T

Gyula Pap, 1899-1984
Peintre, graphiste. De nationalité
hongroise, cet artiste étudie les arts
graphiques à Vienne et Budapest.
Entre 1921 et 1923, il est élève
au Bauhaus dans l'atelier de métal
dirigé par Moholy-Nagy. De 1926 à
1933, il enseigne dans l'école
berlinoise fondée par Johannes
Itten. En 1934, il rentre à
Budapest et y ouvre une école.

**247 Projet publicitaire
pour Jean Patou**
Collage de tissus et photographie
sur carton
58 x 43,8
S. d. b. d. : « Pap 1930 »
Brême, coll. Walter Schnepel

Johannes Itten, 1888-1967
Peintre, enseignant, de nationalité
suisse. Après quelques expositions,
il ouvre une école à Vienne
de 1916 à 1919, puis enseigne
au Bauhaus. Il séjourne à Zurich
de 1923 à 1926 et, de 1926 à
1931, il dirige sa propre école d'art
à Berlin. Du 12 janvier 1932
au 26 novembre 1937, il dirige
l'école supérieure d'Impression
textile de Krefeld.(voir l'article
de G. Mahn supra)
Bibliogr. : H. M. Wingler, Cambridge
(E.U.) et Londres (G.B.), 1969, p. 352.

248 Échantillon textile
1932-38
Satin de 8, acétate, noir à décor
imprimé d'oiseaux
166 x 88,5
Krefeld, Deutsche Textil Museum,
inv. 21547

249 Échantillon textile
1932-38
Satin de 5, acétate (chaîne),
rayonne viscose (trame) à décor
de feuilles de gingko imprimé au
pochoir
79 x 90
Krefeld, Deutsche Textil Museum,
inv. 21539

250 Corsage
1932-38 pour le textile. La veste
a été réalisée après-guerre.
Taffetas de soie à décor de feuilles
de gingko noirs imprimé au pochoir
Krefeld, Deutsche Textil Museum,
inv. 21588

251

251 Veste
1932-38 pour le textile. La veste
a été réalisée après-guerre.
Toile de lin imprimée
Krefeld, Deutsche Textil Museum,
inv. 21582

252 Échantillon textile
1932-38
Taffetas de rayonne-viscose imprimé
88 x 88
Krefeld, Deutsche Textil Museum,
inv. 21554

253 Échantillon textile
1932-38
Taffetas de rayonne-viscose
imprimé
297 x 88
Krefeld, Deutsche Textil Museum,
inv. 21555
Cet échantillon est stylistiquement
proche d'un dessin textile d'Iliazd
(cat. n°231)

254 Échantillon textile
1934-38
Satin de 8, acétate (chaîne)
et rayonne-viscose (trame) à décor
imprimé d'empreintes digitales
juxtaposées
29-86 x 46-92
Krefeld, Deutsche Textil Museum,
inv. 21542

255 Robe
1934-38
Crêpe de soie, décor imprimé
de femmes à l'ombrelle vues de
dos. La forme de la robe évoque
le costume bavarois traditionnel
ou « Dirndlkleid ».
Krefeld, Deutsche Textil Museum,
inv. 21581

256

256. Robe
1932-38
Sergé 2 lie 2, quadrillé, rayonne-
viscose. Fermeture à glissière
« zipp » en plastique.
Krefeld, Deutsche Textil Museum,
inv. 21585

BIBLIOGRAPHIE

Hormis les ouvrages généraux, de nombreuses références bibliographiques figurent en notes des articles du catalogue.

Abadie Daniel, *Survage. Les années héroïques,* Troyes, 1993, Anthèse.

Adaskina Natalia et Sarabianov Dimitri, *Lioubov Popova,* Paris, 1989, Pilippe Sers / Vilo.

Anscombe Isabelle, *A woman's touch : women in design from 1860 to the present day,* Londres, 1984, Virago.

Bernier Georges et Schneider-Maunoury Monique, *Robert et Sonia Delaunay. Naissance de l'art abstrait,* Paris, 1995, Jean-CLaude Lattès.

Bowlt John E., *Russian art of the avant-garde theory and criticism, 1902-1934,* Londres, 1991, Thames and Hudson.

Brik Lili, *Avec Maïakovski, entretiens avec Carlo Benedetti,* Paris, 1980, Éd. du Sorbier.

Chamot Mary, *Gontcharova,* Paris, 1972, Bibliothèque des Arts.

Clair Jean, *Considération sur l'état des beaux-arts, critique de la modernité,* Paris, 1983, Gallimard.

Crispolti Enrico, *Il futurismo e la moda,* Venise, 1986, Marsilio.

Dachy Marc, *Dada et les dadaïsmes. Rapport sur l'anéantissement de l'ancienne beauté,* Paris, 1984, Gallimard (Folio-essais).

Damase Jacques, *Mode et tissus imprimés. Sonia Delaunay,* Paris, Londres, 1991, Jacques Damase.

Daval Jean-Luc, *Journal des avant-gardes,* Genève, 1990, Skira.

Demornex Jacqueline, *Madeleine Vionnet,* Paris, 1990, Éd. du Regard.

Desanti Dominique, *Sonia Delaunay, magique magicienne,* Paris, 1988, Ramsay.

Dictionnaire de la mode au XXe siècle, collectif sous la direction de Bruno Remaury, (les notices sur les artistes et les mouvements d'avant-garde ont été rédigées par Jessica Castex), Paris, 1994, Éd. du Regard.

Droste Magdalena, *Bauhaus 1919-1933,* Berlin, 1994, Benedikt Taschen-Bauhaus Archiv Museum für Gestaltung.

Fanelli Giovanni et Rosalia, *Il tessuto art déco e anni Trenta,* Florence, 1986, Cantini.

Fiorentini Capitani Aurora, « Tra arte e moda : dalle Avanguardie storiche agli Anni Trenta », *Imago Moda,* avril 1989, n° 1, p. 25-36.

Goll Claire, *La poursuite du vent,* Paris, 1976, Olivier Orban.

Guttry Irene de, Maino Maria Paolo, Quesada Mario, *Le arti minori in Italia dal 1900 al 1930,* 1985, Laterza.

Jadova Larissa (sous la direction de), *Tatline,* Paris, 1990, Philippe Sers.

Khan Magomedov Selin et Quilici Vieri, *Alexandre Rodtchenko aux origines de l'architecture moderne et du design. L'œuvre complète,* Paris, 1986, Philippe Sers.

Khan Magomedov Selim, *Vhoutemas Moscou 1920-30,* Paris, 1990, 2 vol., Éd. du Regard.

Krifa Michket et al., *Vent d'Est. Figures de l'Europe centrale à travers la photographie de mode,* Le Plessis-Robinson, 1992, ministère des Affaires étrangères, secrétariat d'État à la Francophonie et aux Relations culturelles extérieures.

Larionov Mikhaïl, « Gontcharova, peintre de la vie contemporaine et du costume de théâtre », *Tchisla,* 1930, 1er cahier trimestriel, p. 242-245.

Lavrentiev Alexandre, *Varvara Stépanova, Une vie constructiviste,* Paris, 1988, Philippe Sers.

Ligeïa, dossiers sur l'art, « Constructivisme », n° 5-6, avril-septembre 1989.

Lista Giovanni, *Balla,* Modena, 1982, Galleria Fonte d'Abisso.

Marcadé Jean-Claude, *Malévitch,* Paris, 1990, Casterman.

Marcadé Jean-Claude, *L'avant-garde russe,* Paris, 1995, Flammarion.

Meschonnic Henri, *Modernité modernité,* Lagrasse, 1988, Verdier.

Molinari Danielle, *Robert et Sonia Delaunay,* Le Plessis-Robinson, 1987, Nouvelles éditions françaises.

Passuth Krisztina, *Les avant-gardes de l'Europe centrale, 1907-1927,* Paris, 1988, Flammarion.

Peillex Georges, *Alice Bailly,* Genève, 1968, Pierre Cailler.

Pontus Hulten (sous la direction de), *Futurisme et futurismes* (sur le vêtement : Germano Celant), Paris, 1986, Le Chemin vert.

Porebski Mieczyslaw, « Les avant-gardes, Europe 1912-1935 » dans *Artibus et Historia,* n° 10, vol. 5, 1984, p. 147-165.

Prat Marie-Aline, *Cercle et carré. Peinture et avant-garde au seuil des années 30,* Lausanne, 1984, L'Age d'homme.

Pratesi Mauro, Uzzani Giovanna, *L'arte italiana del*

novento, *la Toscana*, Venise, 1991, Marsilio.

Ray Michele, *Tatlin e la cultura del Vchutemas, 1885-1953/ 1920-1930*, Rome, 1992.

Richard Lionel, *Encyclopédie du Bauhaus*, Paris, 1985, Somogy.

Rodtchenko Alexandre, *Écrits complets sur l'art, l'architecture et la révolution*, Paris, 1988, Philippe Sers/Vilo.

Rutta Anna-Maria, *Arredi Futuristi. Episodi delle case d'arte futuriste italiane*, Palerme, 1985, Novecento. *Vitalité et contradictions de l'avant-garde. Italie-France 1909-1924*, textes réunis par Sandro Briosi et Henk Hillenaar, Paris, 1988, Librairie José Corti.

Scudiero Maurizio, *F. Depero, Stoffe futuriste, arazzi e cuscini, moda, costumi teatrali, tessuti*, Trente, 1995, Manfrini-U.C.T.-Trento.

Sommella Grossi Marina, *Sartoris e de Stijl : connessioni e divergenze Sartoris e Fillia : un architetto razionalista, un pittore futurista e la nuova architettura*, Lausanne, 1993, EPFL.

Stoullig Claire, **Costa Jacqueline**, **Brunet Nathalie**, *Johannes Itten et son enseignement*, Paris, 1979, MNAM.

Strizenova Tatiana, *La mode en Union soviétique 1917-1945*, Paris-Moscou, 1991, Flammarion.

Valabrègue Frédéric, *Kazimir Sévérinovicth Malévitch*, Marseille, 1994, Images en manœuvres.

Van Doesburg Théo, « L'art textile jadis et aujourd'hui » dans *Intérieur*, 47e année, n°273, 1er septembre 1930, p. 1651-1833 ; n°278, 1er février 1931, p. 1867-1874 ; n°279, 1er mars 1931, p. 17-21 ; n°280, 1er avril 1931, p. 65-70.

Whitford F., *Le Bauhaus*, Paris, 1989 ; Thames & Hudson (éd. orig. anglaise, 1984).

Wingler Hans M., *The Bauhaus*, Cambridge (E.U.) et Londres (G. B.), 1969, MIT Press.

Wortmann Weltge Sigrid, *Bauhaus Textiles. Women artists and the weaving Workshop*, Londres, 1993, Thames & Hudson.

Yassinskaia I., *Textiles révolutionnaires soviétiques*, Florence, 1983 (éd. italienne) ; Paris, 1983 (trad. française), Flammarion.

Catalogues d'exposition

1925 : *L'Italie à l'Exposition internationale des arts décoratifs et industriels modernes*, Paris. *L'art décoratif et industriel de l'URSS*, Moscou. *Exposition de 1925. Section URSS. Catalogue*, Moscou. *Exposition internationale des arts décoratifs et industriels modernes, Paris 1925 ; Rapport général, Tissu et papier*, Paris, 1928, Larousse.

1927 : *Catalogue de la IIIe Exposition internationale des arts décoratifs*, Villa Reale, éd. Monza, mai-octobre.

1932 : *Ernesto Thayaht scultore, pittore e orafo*, présenté par Antonio Maraini et F.-T. Marinetti, Florence, Giannini.

1972 : *Balla*, musée d'Art moderne de la Ville de Paris, 24 mai-2 juillet 1972. *Sonia Delaunay, Robert Delaunay*, Nancy, musée des Beaux-Arts, 29 juin-11 septembre 1972.

1977 : *Sonia et Robert Delaunay*, Paris, Bibliothèque nationale.

1978 : *Alberto Savinio*, Rome, Palazzo delle Esposizioni, 18 mai-18 juin 1978, De Luca.

1980 : *Art nouveau Belgique, Europalia*, Bruxelles, Palais des Beaux-Arts. *The avant-garde in Russia*, Los Angeles, Los Angeles County Museum.

1984 : *Modélectricité*, dans le cadre *d'Electra*, Paris, M.A.M.V.P., 1er-26 février 1984.

1985 : *Abiti e costumi futuristi*, Pistoia, Palazzo comunale, 25 mai-30 juin. *Robert, Sonia Delaunay. Le centenaire*, Paris, M.A.M.V.P., 14 mai-8 septembre 1985. *La tessitura del Bauhaus 1919-1933*, Pesaro, Palazzo Ducale, 3 août-15 septembre 1985.

1987 : *Paris Couture années trente*, Paris, musée de la Mode et du Costume, Paris-musées. *Balla the Futurist*, Edimbourg, Londres, Oxford, Mazzotta. *Rhythmen und Farben, Sonia Delaunay, 1885-1979*, Zürich, musée Bellerive, 27 mai-16 août 1987. *Die Grosse Utopie. Die Russische Avantgarde 1915-1932*, Frankfurt, Schirn Kunsthalle, 1992. *L'abito della Rivoluzione*, Venise, 1987 (trad. en anglais *Revolutionnary Costume. Soviet clothing and textile of the1920's*, Rizzoli, New York, 1989).

1988 : *Il futurismo e la moda*, Milan, Padiglione d'Arte contemporanea, 25 février-9 mai 1988.

1988-89 : *Malévitch*, exposition itinérante, Léningrad, Moscou, Amsterdam (Stedelijk museum).

1989 : *Balla, Depero. Ricostruzione futurista universo*, Modène et Milan, Galerie Fonte D'Abisso. *Casa Balla e il futurismo a Roma*, a cura di Enrico Crispolti, Rome, Istituto Poligrafico e zecca dello stato, Libreria dello stato. *Das Leben zur Kunst machen. Arbeiten auf Papier von Frauen des russischen Avantgarde*, Zürich, Helmhaus, 1er juin-2 juillet 1989. *L'art déco en Europe. Tendances décoratives dans les arts appliqués vers 1925*, Bruxelles, Palais des Beaux-Arts, 3 mars-28 mai 1989.

1989-90 : *Sophie Taueber*, Paris, M.A.M.V.P., 15 décembre 1989-18 mars 1996, Lausanne, 30 mars-13 mai 1990.

1991 : *Madeleine Vionnet. L'art de la couture 1876-1975*, Marseille, Centre de la Vieille Charité, 29 juin-22 septembre 1991.

1992 : *Olga Rozanova 1886-1918*, Elsinki, Helsingin Kaupungin, Taidemuseo.
Malévitch, Suetin, Tchaschnik, Cologne, galerie Gmurzynska, 13 juin-31 juillet 1992.
Rodtchenko Stépanova, Madrid, Fondation banque centrale hispano-américaine, février-mars 1992.
Johannes Itten und die Höhere Fachschule für textile Flächenkunst in Krefeld. Zum Textildesign der dreissiger Jahre, Krefeld, Deutsches Textilmuseum, 23 février-5 avril 1992.

1992-93 : *À contre-courant. Vêtements d'artistes 1900-1940*, Zurich, musée Bellerive, 30 septembre 1992-3 janvier 1993, Lausanne, musée des Arts décoratifs, 3 février-28 mars 1993, (par Radu Stern).
La casa del mago : le arti applicate nell'opera di Fortunato Depero 1920-1942, Trente Rovereto, 12 décembre 1992-30 mai 1993.

1993 : *Cesare Andreoni e il Futurismo a Milano tra le due guerre*, Milano, Palazzo Reale, 29 janvier-28 mars 1993, Bolis, Bergame, 1992.
Design miroir du siècle, sous la direction de Jocelyn de Noblet, Paris, Grand Palais, 19 mai-25 juillet 1993, Flammarion APCI.
Rodtchenko & Stépanova in Paris, Paris, FIAC, Cologne, galerie Gmurzynska.

1993-94 :
Cari compagnoni posteri. Vladimir Majakovskij 1893-1993, Bologne, Museo Civico Archeologico, 23 décembre 1993-27 février 1994.

Vladimir Tatlin, Retrospective, Cologne, Städtische Kunsthalle ; Düsseldorf, Städtische Kunsthalle ; Baden-Baden, Städtische Kunsthalle ; Moscou, galerie Tretiakov ; Saint-Pétersbourg, musée d'État russe, Dumont Buchverlag.

1994 : *Gerade und umgekehrte Perspektive des russischen Minimalismus, Liubov Popova, Alexander Konstantinov*, Moscou, musée Tstaritsino ; Fedkirch, Palais Liechtenstein.

1994-95 : *Cralifuturista*, Rovereto, Archivio del '900, 16 décembre 1994-26 mars 1995, Milan, Electa (par Claudio Rebeschini).
Depero. Dal Futurismo alla Casa d'Arte, Rome, Palais des Expositions, 12 décembre 1994-13 février 1995 (Milan), musée d'Art moderne et contemporain de Trente et Rovereto, 1994, Charta (Milan).
Madeleine Vionnet. Les années d'innovation 1919-1939, Lyon, musée des Tissus, 26 novembre 1994-26 mars 1995.

1995 : *Depero : dal Futurismo alla Casa d'Arte*, Rome, Palazzo delle Esposizioni, Charta (Milan).
Paul Mansouroff et l'avant-garde russe à Pétrograd, Nice, musée d'Art moderne et contemporain, 30 juin-15 octobre 1995 et Saint-Pétersbourg, musée d'État russe, 1er novembre-fin décembre 1995.
Tatlin, Barcelone, musée Picasso, 5 avril-25 juin 1995.

1996 : *Fortunato Depero Futuriste. De Rome à Paris 1915-1925*, Pavillon des Arts, 15 mars-2 juin 1996, Paris-Musées.
Arte y poder, la Europa de los dictadores 1930-1945, Barcelone, Centre de cultura contemporània de Barcelona, 28 février-5 mai 1996.
Giacomo Balla, la collezione Biagiotti-Cigna, Moscou, musée d'État des Arts figuratifs Pouchkine, 22 juillet-15 septembre 1996.

163

Commissariat scientifique, conception et coordination de la publication **Valérie Guillaume,** *conservateur du patrimoine au musée de la Mode et du Costume, Palais Galliera, avec la collaboration de* **Isabelle Néto**

Conseiller scientifique pour l'Italie **Viviana Benhamou**

REMERCIEMENTS

Jean Tiberi, maire de Paris
Hélène Macé de Lépinay, adjoint au maire de Paris, chargé des Affaires culturelles
Jean Gautier, directeur des Affaires culturelles de la Ville de Paris
Édouard de Ribes, président de Paris-Musées

Patrice Obert, sous-directeur chargé du Patrimoine, direction des Affaires culturelles de la Ville de Paris
Sophie Durrleman, chef du Bureau des musées, direction des Affaires culturelles de la Ville de Paris
Catherine Join-Diéterle, conservateur général du musée de la Mode et du Costume, Palais Galliera
Aimée Fontaine, directeur de Paris-Musées

Notre gratitude va à l'ensemble du personnel du musée de la Mode et du Costume,
conservation
Marie-Odile Briot,
Fabienne Falluel,
Pascale Gorguet-Ballesteros,
Françoise Tétart-Vittu.
secrétariat général
Sylvie Glaser-Chuard.
bibliothèque
Annie Barbéra et Sylvie Roy.
secrétariat
Françoise Barrois-Pestre,
Marie-France Lary, Claire Léonard,
Martine Picard.

service informatique
Isabelle Sibiril,
Patricia Khayati, Lucile Diebler.
personnel d'accueil et de surveillance
ainsi que
Nadine Haas et Jeanine Daynié.
atelier de restauration
Antoinette Villa, Liliane Bolis,
Valérie Boisseau, Maryline Naudon,
Janick Deshoulliers,
Marie-Françoise Prigent,
Évelyne Poulot,
Marie-France Duhauvelle,
Bernard Lévy.
service pédagogique
Miraise Carrière,
Diane de la Chapelle
et Marie-Jeanne Fuster
service de presse
Jean-François Vannierre et
Philippe Fort.

À la Direction des Affaires Culturelles de la Ville de Paris,
Maryvonne Deleau
et Annie Pérez.

À l'association Paris-Musées,
Berthe Bogerbe,
Catherine Carrasco,
Cécile Guibert,
Isabelle Héquet-Dartois,
Florence Jakubowicz,
Sophie Kuntz,
Viviane Linois,
Virginie Perreau,
Corinne Pignon,
Arnauld Pontier,
Nathalie Radeuil,
Muriel Rausch,
Emmanuelle Schwartz,
Claire Taburet.

Que tous les collectionneurs, directeurs d'institutions publiques et privées, couturiers qui ont permis, par leur généreux concours, la réalisation de cette recherche, trouvent ici l'expression de notre gratitude :

■ *en Italie,*
« **Laura Biagiotti** »,
Laura Biagiotti et Gianni Cigna,
Valentina Virgili,
« **Missoni** »,
Rosita Missoni,
Danielle Barraya.
Trente
musée Aéronautique G. Caproni,
comtesse Caproni, Mme Guelmi.
Trente et Rovereto
musée d'Art moderne et contemporain, **Gabriella Belli,**
Nicoletta Boschiero
Milan
galerie Fonte d'Abisso Arte
Archivio Cesare Andreoni.

Renzo Arbore,
Giancarlo Baccoli,
Alessandro Balla,
Massimo Carpi, Tullio Crali,
Enrico Crispolti,
Victor-Aldo De Sanctis,
Claudio Giorgietti,
Rosita Lo Jacono,
Laura Mattioli,
M. et Mme Niccolo Michahelles,
Lia Michahelles,
M. et Mme Francesco Michahelles,
Sandro Michahelles,
Ugo Nespolo,
Settimio Racalbuto,
Alba Rizzo Amorello,
Angelica Savinio De Chirico,
Elisabetta Seeber-Calamai,
et Massimo Carpi,
Antonio Locatelli
et tous les collectionneurs qui souhaitent conserver l'anonymat.

■ *en France,*
Paris
musée de la Mode et du Textile,
UCAD, UFAC,
Pierre Arizzoli-Clémentel,
Marie-Claude Beaud,
Lydia Kamitsis, Véronique Belloir,
Pamela Golbin, Catherine Ormen,
Marie-Hélène Poix,
Emmanuelle Montet,
Sylvie Richoux, Joséphine Pellas.
Bibliothèque nationale de France,
Jean Favier, Andrée Pouderoux,
Laure Beaumont-Maillet.
musée national d'Art moderne-
Centre Georges Pompidou,
Germain Viatte, Didier Schulmann.
Artcurial,
Monique Schneider-Maunoury.
archives Chanel,
Marie-Louise de Clermont-Tonnerre,
Véronique de Pardieu, Pierre Buntz,
Patrick Doucet.
Clamart
fondation Arp, **Claude Gubler,**
Greta Stroeh.
Mulhouse
musée de l'Impression sur Étoffes,
Jacqueline Jacqué, Denis Roland.
Nice
galerie Antonio Sapone,
M. et Mme Antonio Sapone,
Marie-France Blandin,
Joëlle Obolensky.
Marseille
fonds Iliazd, **François Mairé.**

Marie Toulouse-Coutrot,
Alexandre Vassiliev,
Jacques Damase,
Jean-Louis Delaunay
et ceux qui souhaitent rester anonymes.

■ *en Russie,*
Moscou
Alexandre Lavrentiev
et Varvara Rodtchenko.
archives d'État russe de littérature et d'art, **N. Volkova,** directrice, **Olga Rochkova,** directrice du département de la documentation.
musée Maiakovski, **Svetlana Strizhneva,** directrice.

166

musée d'État historique,
Louisa Efimova, directrice,
Tamara Igoumnova, vice-directeur,
Tatiana Alechina, conservateur du
département des costumes,
Natalia Vyschar, conservateur du
département des textiles.
musée Tsaritsino,
Anikovitch Vsevolod, directeur,
Liudmilla Monakhova,
conservateur.
Saint-Pétersbourg
musée d'État russe,
V. Gusev, directeur,
Eugenia Petrova, vice-directeur,
**Timotei Alexandrov, Liudmilla
Kurenkova, Elena Ivanova**,
conservateur du département des
arts appliqués, **Irina Arskaya**,
conservateur du département des
dessins, **Marina Chiriak**.

■ en Suisse,
Zurich
musée Bellerive,
Sigrid Barten, conservateur.
Lausanne
École polytechnique fédérale,
DA, ITHA, donation Sartoris,
Alberto Sartoris et **Carla Prina-
Sartoris, Dr Marina Sommella
Grossi**.

■ en Allemagne,
Dessau
Stiftung Bauhaus, Rolf Kuhn,
directeur,
**W. Thöner, L. Schöbe,
Marie Neumüllers**,
Krefeld
Deutsche Textil Museum,
Carl-Wolgang Schümann,
directeur,
Birgit Liesenklas, conservateur.
Brême
Walter Schnepel

■ au Japon,
Kyoto
Kyoto Costume Institute
Koichi Tsukamoto, président,
Hiroyasu Fujii, directeur,
Akiko Fukai, conservateur
en chef.

■ en Grande-Bretagne,
Londres,
Julian Barran Ltd, **Julian Barran
et Helen Dixon.
Nikita D. Lobanov Rostovsky.**

*Que tous ceux qui, par leur aide, ont
contribué à la réalisation de ce projet
trouvent ici l'expression de ma vive
reconnaissance, tout particulièrement,*
Virginie Lermoyez *et,*

■ en Russie,
**Annick Posselle,
Inna Balakhovskaya,
Tatiana Ignatieva, Tatiana Klim,**
La Vuart, **Zelfira Tregulova.**

■ en Allemagne,
Weimar, Kunstsammlungen
zu Weimar, **Dr Rolf Bothe,
Michael Siebenbrodt,
Siegmar Holsten.**
Hochschule für Architektur und
Bauwesen, **Dr Winkler.**
Bonn, Rolandseck, **Stiftung Hans
Arp und Sophie Taeuber-Arp,
Walburga Krupp.**
Cologne, galerie Gmurzynska,
Mathias Rastofer, Ch. Kotrouzinis
et **Patricia Edgar.**
Berlin, Bauhaus Archiv, Museum
für Gestaltung, **Sabina Hartmann,
Dr Magadalena Droste.**
Brême, **Uta Bernsmeier.**
Reistatt, Galerie Ruf,
Wolgand Ruf.
Itzehoe, **Wenzel-Hablik Stiftung,
Dr Elisabeth Fuchs-Belhamri.**

■ en Suisse,
Lausanne, fondation Alice-Bailly,
Dr P. Magnenat,
Berne, **Marianne Milani,**
Zurich, **Anneliese Itten**
et **Dr Klaus Itten.**

■ en Grande-Bretagne,
Londres, Victoria and Albert
Museum, **Valerie Mendes,**
Newcastle, **Dr Anthony Parton.**

■ en Pologne,
musée national de Cracovie,
Stefania Kozakowska,
Société historique et littéraire
polonaise de Paris,
Ewa Bobrowska-Jakubowska,
musée du Textile de Lodz,
**Malgorzata Wroblewska
Markiewicz,**
musée Narodowe à Varsovie
Anna Maga,

■ aux Pays-Bas,
Otterlo, Kröller-Müller Museum,
Evert J. van Straaten,
La Haye, Gemeentemuseum,
Kostuummuseum, **Ietse Meij,
John van der Ree,**
Utrecht, **Mienke Simon Thomas,**
Arnhem, **Kees Broos.**

■ en France,
Archives nationales,
**Alain Erlande-Brandebourg,
Francine Glière.**
Archives de Paris, **Brigitte Lainé,
Claudine Lespinas,
Emmanuelle Delattre.**
Fondation nationale des Sciences
Politiques, **Pierre Milza,
Odile Gaultier-Voituriez.**
Galerie Anne-Julien,
Fanfan Berger et
Anne-Marie Berger.
Eclair-Prestil, **Mlle Drouet.**
Hermès, **Valérie Courbot,
Nathalie Vidal.**
Association Astycom,
Bonnie Tchien Hy et **Philippe**
et **Monique Barbey-Landry, Grati
Baroni, Marie Bertin, Guy Blazy,
Jessica Boissel, Michèle Brun-
Lahuna, Rosalia Bonito-Fanelli,
Sherry Buckberrough,
Jana Claverie,
Élizabeth-Ann Coleman,
Françoise Denoyelle,
Marie-Khristeen Ebner,
Sandrine Fournié,
Marie-Dominique Frieh,
Dominique Gagneux,
Princesse Élizabeth Gagarine,
Philippe Heim, Helena Jarosova,
Claudette Joannis, Martin Kamer,
Alexandre Lavrentiev,
Monique Levi-Strauss,**

**Giovanni Lista, Gabriele Mahn,
Brigitte Masse, Céline Mérienne,
Yvette Mock-Marin,
Sophie Mougin-Krebs,
Florence Müller, Andrei B. Nakov,
Claude Oppenheim,
Paulette Pelletier-Hornby,
Annie Perret, Michèle Pirazzoli
t'Serstevens, Serge Plantureux,
Dominique Revellino, Élise** et
Claudette Roussel, Albert Roussin
(fondation Yvan et Claire
Goll), **Philippe Sers,
Marie-Noëlle Sudre, Radu Stern,
Pr Lou Taylor, Anne Tourlonias,
Lucien Treillard, Micheline Viseux.**

167

Secrétariat de rédaction
Simone Christ

Conception graphique
Gilles Beaujard

Fabrication
Sabine Brismontier
Audrey Chenu

Flashage
Delta +, Paris

Photogravure
Perenchio, Paris

Papier
Mega Matt 135 g,
Muller Rénage

Impression
SIA, Lavaur

Achevé d'imprimer sur les presses
de la SIA à Lavaur, en mars 1997.

© **Paris-Musées, 1997**
Éditions des musées
de la Ville de Paris
28, rue Notre-Dame-des-Victoires
75002 Paris

Diffusion Actes Sud
Distribution UD-Union Distribution
F7 4158

ISBN : 2-87900-316-4
Dépôt légal : avril 1997